中等职业教育“一体化”教材

应用语文

肖登荣　主编
黄建萍　主审

中国铁道出版社
CHINA RAILWAY PUBLISHING HOUSE

内 容 简 介

本书是为适应中等职业教育一体化教学模式改革的需要而编写的文化基础课程教材，分为上下两篇：上篇为阅读欣赏与表达交流，下篇为应用文写作。上篇共有五个任务：感念亲恩、崇尚自然、直面人生、职业旅途、诗歌鉴赏，每个任务下面都有具体的阅读欣赏、表达交流等子任务。下篇是应用文写作，以任务的形式学习各种文种的写作，具体文种有条据、启事、计划、总结、请示、报告、专用书信（申请书、求职信）、个人简历、自我鉴定、协议书、调查报告等。本书的编写遵循人文性、实用性和创新性原则，内容的选取贴近学生生活和学生未来的职业，从中职学生的实际学情及未来职业发展需求出发，多角度地展现语文的实用功能。我们希望让学生感觉到：无论任何专业，都需要语文素养；任何专业的成功者，往往都有较高的语文素养。

本书适合作为中等职业学校的公共基础课教材。

图书在版编目（CIP）数据

应用语文/肖登荣主编. —北京：中国铁道出版社，2017.8（2018.7重印）
中等职业教育“一体化”教材
ISBN 978-7-113-23474-4

Ⅰ.①应… Ⅱ.①肖… Ⅲ.①语文课-中等专业学校-教材 Ⅳ.①G634.301

中国版本图书馆CIP数据核字(2017)第183916号

书　　名：应用语文
作　　者：肖登荣　主编

策　　划：曾露平　　　　读者热线：（010）63550836
责任编辑：曾露平　鲍　闻
封面设计：刘　颖
责任校对：张玉华
责任印制：郭向伟

出版发行：中国铁道出版社（100054，北京市西城区右安门西街8号）
网　　址：http://www.tdpress.com/51eds/
印　　刷：三河市兴达印务有限公司
版　　次：2017年8月第1版　2018年7月第3次印刷
开　　本：787 mm×1 092 mm　1/16　印张：14.5　字数：266千
书　　号：ISBN 978-7-113-23474-4
定　　价：39.80元

中等职业教育“一体化”教材

编 写 委 员 会

前　言

为了适应中职学校一体化教学改革的需求，发扬课程改革的精神，根据中职教育的实际需要及发展趋势，遵照教育部2009年颁布的《中等职业学校语文教学大纲》的基本要求，以人力资源和社会保障部职业能力建设司2010年颁发的《技工院校语文课程标准》为依据，汲取了多个版本相关教材的优点，我们组织编写了本书。

本书力求从中职学生的实际情况及未来职业发展需求出发，多角度地展现语文的实用功能。本书的编写遵循人文性、实用性和创新性原则。选取的内容贴近学生生活和学生未来的职业，具有典型性、时效性、可读性。

本书的编排以人文性、实用性为出发点，以人文主题划分单元，让学生接受优秀文化和高尚道德情操的熏陶，提高学生的审美能力，形成良好的性格和健全的人格，促进学生良好的职业发展。语文是人类最重要的交际工具，本书旨在让学生掌握日常生活和职业岗位所需要的阅读、表达交流、写作的技能，注重培养学生基本的语文学习方法，养成自学和运用语文的良好习惯，突出语文的实用功能。

本书的编写体系是以任务教学模式来进行的，分为上下两篇。上篇为阅读欣赏与表达交流，下篇为应用文写作。上篇共有感念亲恩、崇尚自然、直面人生、职业旅途、诗歌鉴赏五个任务，每个任务中都有具体的学会阅读欣赏、学会表达交流等子任务。下篇是应用文写作，以任务的形式学习各 种文种的写作，具体文种有条据、启事、计划、总结、请示、报告、专用书信（申请书、求职信）、个人简历、自我鉴定、协议书、调查报告等。

本书在教学中宜施行翻转课堂，以学生做和学为主，即让学生根据要求先做先学，有问题再找教师解答，通过以学生为主、教师为辅完成活动任务的教学模式，可激发学生主导学习的积极性，培养学生自主学习的能力。

本书由肖登荣主编，黄建萍主审。钟小芹、黄小霞、雷芳芳、文飞等老师参加了本书的编写工作，最后由肖登荣统稿定稿。在教材编写的过程中，我们注意听取一线语文教师的意见，参考和引用了其他相关一体化教材和资料，在此一并向其作者表示感谢。

因编者能力、水平及时间有限，本书难免存在疏漏之处，恳请广大读者批评指正。

编　者

2017 年 5 月

目 录

◎ 上篇 阅读与表达 ◎

◎ 下篇　应用文写作 ◎

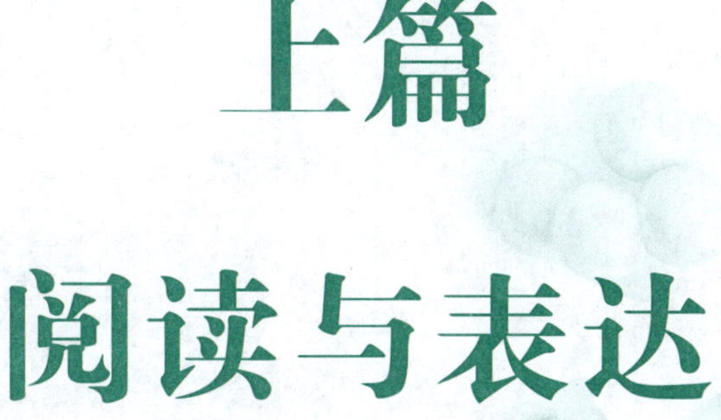

上篇

阅读与表达

任务一 感念亲恩

本任务主题描述

从我们呱呱坠地到如今，这十几年中，是谁最牵挂我们的冷暖？是谁最担心我们的健康？是谁为了我们的进步欣喜若狂？又是谁为我们的缺点和毛病忧心着急？是我们的父母，是我们最亲的人。是啊，人生在世，谁无父母，谁没沐浴过父母的养育之恩。可以说父母对子女的爱是世界上最真诚、最无私、最深厚、最崇高的情感。但我们真的读懂这份感情了吗？

阅读欣赏任务选编了有关“感念亲恩”话题的两篇文章《我的母亲》和《背影》。这两篇文章分别用纵向贯通和截断取面两种方法，刻画了一位母亲和一位父亲的形象，字里行间透着浓浓的亲情。

表达交流任务的学习内容是“介绍”和“感恩”，紧密围绕“感恩父母，拥抱亲情”这一主题展开，激发学生的感恩之情。

本任务知识目标

1. 整体感知课文，了解课文大意。
2. 理解文中的人物，把握文中的情感基调。
3. 掌握记叙的选材和组材技巧。
4. 学会刻画人物形象的技巧。
5. 学会表达“介绍”和“感恩”。

本任务能力目标

1. 能概括文章大意，体会作者所表达的情感。
2. 能选取典型材料，概括人物的性格特征。
3. 能用语言、动作、神态、心理、细节等描写方法刻画人物形象。
4. 能对文章中感受最深的词语、语句进行品味。
5. 掌握感恩的基本要求和方法。

本任务情感目标

1. 体会父母的辛劳与不易。
2. 学会感恩父母、感恩他人、感恩一切，做一个懂得感恩、会感恩的人。

子任务一　学会阅读欣赏——《我的母亲》

我的母亲

老舍

有的放矢

1. 体会作者对母亲的热爱、赞颂、感激与怀念之情；
2. 学会欣赏散文，掌握散文这种抒发情怀的写作方法；
3. 学会运用细节描写的写作方法表现人物形象；
4. 关注情感，探讨情感，学会表达自己真实的情感。

阅读导航

《我的母亲》是小说家老舍的作品，她是一篇优美、质朴无华、情真意切地回忆母亲的散文。母亲虽然一贫如洗，但是她朴素的一言一行，影响了儿女的一生。在文中，老舍细细地描述了母亲的性格，她勤劳、热心、疼爱儿女。母亲给他的是“生命的教育”。文章中体现了母亲对子女的舐犊之情，子女对母亲的感激、怀念和赞颂之情。阅读此文，我们应该会敬佩母亲坚忍、善良、宽容、勤俭和好客的品质，也会为儿子“子欲养而亲不待”的痛悔感动不已。

这篇文章的风格是纯朴而清新的。语言随情而发，自然朴素，字字句句都是浓得化不开的情深之语。结构任性而为，平实流畅。结尾处，一声沉痛的叹息，明白如话，却是意悲而远，感人至深。

阅读原文

母亲的娘家是北平德胜门外，土城儿外边，通大钟寺的大路上的一个小村里。村里一共有四五家人家，都姓马。大家都种点不十分肥美的地，但是与我同辈的兄弟们，也有当兵的，作木匠的，作泥水匠的，和当巡察的。他们虽然是农家，却养不起牛马，人手不够的时候，妇女便也须下地作活。

对于姥姥家，我只知道上述的一点。外公外婆是什么样子，我就不知道了，因为他们早已去世。至于更远的族系与家史，就更不晓得了；穷人只能顾眼前的衣食，没有工夫谈论什么过去的光荣；“家谱”这字眼，我在幼年就根本没有听说过。

母亲生在农家，所以勤俭诚实，身体也好。这一点事实却极重要，因为假若我没有这样的一位母亲，我以为我恐怕也就要大大地打个折扣了。

母亲出嫁大概是很早，因为我的大姐现在已是六十多岁的老太婆，而我的大外甥女还长我一岁啊。我有三个哥哥，四个姐姐，但能长大成人的，只有大姐，二姐，三姐，三哥与我。我是“老”儿子。生我的时候，母亲已有四十一岁，大姐二姐已都出了阁。

由大姐与二姐所嫁入的家庭来推断，在我生下之前，我的家里，大概还马马虎虎的过得去。那时候订婚讲究门当户对，而大姐丈是作小官的，二姐丈也开过一间酒馆，他们都是相当体面的人。

可是，我，我给家庭带来了不幸：我生下来，母亲晕过去半夜，才睁眼看见她的老儿子——感谢大姐，把我揣在怀中，致未冻死。

一岁半，我把父亲“克”死了。

兄不到十岁，三姐十二三岁，我才一岁半，全仗母亲独力抚养了。父亲的寡姐跟我们一块儿住，她吸鸦片，她喜摸纸牌，她的脾气极坏。为我们的衣食，母亲要给人家洗衣服，缝补或裁缝衣裳。在我的记忆中，她的手终年是鲜红微肿的。白天，她洗衣服，洗一两大绿瓦盆。她做事永远丝毫也不敷衍，就是屠户们送来的黑如铁的布袜，她也给洗得雪白。晚间，她与三姐抱着一盏油灯，还要缝补衣服，一直到半夜。她终年没有休息，可是在忙碌中她还把院子屋中收拾得清清爽爽。桌椅都是旧的，柜门的铜活久已残缺不全，可是她的手老使破桌面上没有尘土，残破的铜活发着光。院中，父亲遗留下的几盆石榴与夹竹桃，永远会得到应有的浇灌与爱护，年年夏天开许多花。

哥哥似乎没有同我玩耍过。有时候，他去读书；有时候，他去学徒；有时候，他也去卖花生或樱桃之类的小东西。母亲含着泪把他送走，不到两天，又含着泪接他回来。我不明白这都是什么事，而只觉得与他很生疏。与母亲相依为命的是我与三姐。因此，她们做事，我老在后面跟着。她们浇花，我也张罗着取水；她们扫地，我就撮土……从这里，我学得了爱花，爱清洁，守秩序。这些习惯至今还被我保存着。

有客人来，无论手中怎么窘，母亲也要设法弄一点东西去款待。舅父与表哥们往往是自己掏钱买酒肉食，这使她脸上羞得飞红，可是殷勤的给他们温酒作面，又给她一些喜悦。遇上亲友家中有喜丧事，母亲必把大褂洗得干干净净，亲自去贺吊——份礼也许只是两吊小钱。到如今如我的好客的习性，还未全改，尽管生活是这么清苦，因为自幼儿看惯了的事情是不易改掉的。

姑母常闹脾气。她单在鸡蛋里找骨头。她是我家中的阎王。直到我入了中学，她才死去，我可是没有看见母亲反抗过。“没受过婆婆的气，还不受大姑子的吗？命当如此！”母亲在非解释一下不足以平服别人的时候，才这样说。是的，命当如此。母亲活到老，穷到老，辛苦到老，全是命当如此。她最会吃亏。给亲友邻居帮忙，她总跑在前面：她会给婴儿洗三——穷朋友们可以因此少花一笔“请姥姥”钱——她会刮痧，她会给孩子们剃头，她会给少妇们绞脸……凡是她能做的，都有求必应。但是吵嘴打架，永远没有她。她宁吃亏，不斗气。当姑母死去的时候，母亲似乎把一世的委屈都哭了出来，一直哭到坟地。不知道哪里来的一位侄子，声称有承继权，母亲便一声不响，教他搬走那些破桌子烂板凳，而且把姑母养的一只肥母鸡也送给他。

可是，母亲并不软弱。父亲死在庚子闹“拳”的那一年。联军入城，挨家搜索财物鸡鸭，我们被搜两次。母亲拉着哥哥与三姐坐在墙根，等着“鬼子”进门，街门是开着的。“鬼子”进门，一刺刀先把老黄狗刺死，而后入室搜索。他们走后，母亲把破衣箱搬起，才发现了我。假若箱子不空，我早就被压死了。皇上跑了，丈夫死了，鬼子来了，满城是血光火焰，可是母亲不怕，她要在刺刀下，饥荒中，保护着儿女。北平有多少变乱啊，有时候兵变了，街市整条地烧起，火团落在我们院中。有时候内战了，城门紧闭，铺店关门，昼夜响着枪炮。这惊恐，这紧张，再加上一家饮食的筹划，儿女安全的顾虑，岂是一个软弱的老寡妇所能受得起的？可是，在这种时候，母亲的心横起来，她不慌不哭，要从无办法中想出办法来。她的泪会往心中落！这点软而硬的个性，也传给了我。我对一切人与事，都取和平的态度，把吃亏看作当然的。但是，在做人上，我有一定的宗旨与基本的法则，什么事都可将就，而不能超过自己划好的界限。我怕见生人，怕办杂事，怕出头露面；但是到了非我去不可的时候，我便不得不去，正像我的母亲。从私塾到小学，到中学，我经历过起码有廿位教师吧，其中有给我很大影响的，也有毫无影响的，但是我的真正的教师，把性格传给我的，是我的母亲。母亲并不识字，她给我的是生命的教育。

当我在小学毕了业的时候，亲友一致的愿意我去学手艺，好帮助母亲。我晓得我应当去找饭吃，以减轻母亲的勤劳困苦。可是，我也愿意升学。我偷偷地考入了师范学校——制服，饭食，书籍，宿处，都由学校供给。只有这样，我才敢对母亲提升学的话。入学，要交十元的保证金。这是一笔巨款！母亲作了半个月的难，把这巨款筹到，而后含泪把我送出门去。她不辞劳苦，只要儿子有出息。当我由师范毕业，而被派为小学校校长，母亲与我都一夜不曾合眼。我只说了句：“以后，您可以歇一歇了！”她的回答只有一串串的眼泪。我入学之后，三姐结了婚。母亲对儿女是都一样疼爱的，但是假若她也有点偏爱的话，她应当偏爱三姐，因为自父亲死后，家中一切的事情都是母亲和三姐共同撑持的。三姐是母亲的右手。但是母亲知道这右手必须割去，她不能为自己的便利而耽误了女儿的青春。当花轿来到我们的破门外的时候，母亲的手就和冰一样的凉，脸上没有血色——那是阴历四月，天气很暖。大家都怕她晕过去。可是，她挣扎着，咬着嘴唇，手扶着门框，看花轿徐徐地走去。不久，姑母死了。三姐已出嫁，哥哥不在家，我又住学校，家中只剩母亲自己。她还须自晓至晚的操作，可是终日没人和她说一句话。新年到了，正赶上政府倡用阳历，不许过旧年。除夕，我请了两小时的假。由拥挤不堪的街市回到清炉冷灶的家中。母亲笑了。及至听说我还须回校，她愣住了。半天，她才叹出一口气来。到我该走的时候，她递给我一些花生，“去吧，小子！”街上是那么热闹，我却什么也没看见，泪遮迷了我的眼。今天，泪又遮住了我的眼，又想起当日孤独地过那凄惨的除夕的慈母。可是慈母不会再候盼着我了，她已入了土！

儿女的生命是不依顺着父母所设下的轨道一直前进的，所以老人总免不了伤心。我廿三岁，母亲要我结婚，我不要。我请来三姐给我说情，老母含泪点了头。我爱母亲，但是我给了她最大的打击。时代使我成为逆子。廿七岁，我上了英国。为了自己，我给六十多岁的老母以第二次打击。在她七十大寿的那一天，我还远在异域。那天，据姐姐们后来告诉我，老太太只喝了两口酒，很早的便睡下。她想念她的幼子，而不便说出来。

七七抗战后，我由济南逃出来。北平又像庚子那年似的被鬼子占据了，可是母亲日夜惦念的幼子却跑西南来。母亲怎样想念我，我可以想象得到，可是我不能回去。每逢接到家信，我总不敢马上拆看，我怕，怕，怕，怕有那不祥的消息。人，即使活到八九十岁，有母亲便可以多少还有点孩子气。失了慈母更像花插在瓶子里，虽然还有色有香，却失去了根。有母亲的人，心里是安定的。我怕，怕，怕家信中带来不好的消息，告诉我已是失了根的花草。

去年一年，我在家信中找不到关于老母的起居情况。我疑虑，害怕。我想象得到，如有不幸，家中念我流亡孤苦，或不忍相告。母亲的生日是在九月，我在八月半写去祝寿的信，算计着会在寿日之前到达。信中嘱咐千万把寿日的详情写来，使我不再疑虑。十二月二十六日，由文化劳军的大会上回来，我接到家信。我不敢拆读。就寝前，我拆开信，母亲已去世一年了！

生命是母亲给我的。我之能长大成人，是母亲的血汗灌养的。我之所以能成为一个不十分坏的人，是母亲感化的。我的性格，习惯，是母亲传给的。她一世未曾享过一天福，临死还吃的是粗粮。唉！还说什么呢？心痛！心痛！

小试牛刀

1. 阅读全文，找出叙述时间的语句，明确时间顺序。
2. 找出文中表现母亲勤劳的语句。
3. 文章具体从哪三件事表现了母亲伟大、无私的母爱？
4. 文中最后一句“唉！还说什么呢？心痛！心痛！”表达了作者怎样的情感？

抛砖引玉

敬仰母亲

——王艳丽、徐洪臣

《我的母亲》是一篇叫人落泪的挚情之作，文章语言既朴素平实，流畅生动，又凝练含蓄隽永，抒发了对母亲的敬仰感念追怀和永世不忘的深情。读后不禁令人流泪，它没有普希金的波澜壮阔，也没有闻一多的特殊见解。有的，只是对母亲一颗真切的心。老舍“絮叨”起母亲的家长里短，是不吝笔墨的，他那么细微的描写，只为传达一个朴素的道理：“失了慈母便像花插在瓶子里，虽然还有色有香，却失去了根。有母亲的人，心里是安定的。”这言简意深的情语，分明是由母亲用血汗浇灌生命结晶而成的。“她一生未曾享过一天福，临死还吃的是粗粮”。从中读到的分明是一个游子的丧母之痛，感受到的是撕心裂肺的哀凉。文章以“心痛！心痛！”结束，读文之人却落泪！落泪！这难道不正是老舍文章的伟大之处吗？

母爱，生命的乐章

——孙华幸

母爱是人类最神圣的情感，具有永恒的人性魅力。歌颂母爱、怀念母亲便成为许多文学作品的主题，很多作家以自己的切身体会抒写母子情深，老舍先生的《我的母亲》，就是这样一篇质朴感人的回忆散文。

《我的母亲》向我们展示了一位普通劳动妇女真、善、美的灵魂和作为母亲那博大无私的胸怀；作者在抒写母子间至爱亲情的同时，也袒露了他对母亲深切的忏悔之情。我们在作者深沉而炽热的情感世界中感悟到一个朴素而深刻的人生哲理：母亲是爱的源泉，她珍藏于儿女的心底，永不枯竭。

母亲对儿女的关爱无须太多的语言，这正是母爱深沉伟大之处。老舍先生能从母亲无言的表情和举动中体悟到这份真情。

老舍幼年失父，对母亲有着极为深厚的感情，这是天性中儿女对母亲那份割不断的亲情，更是母亲淳朴的心灵和深沉的母爱，如清泉、如甘露，流进作者的心田，成为他一生汲取不尽的生命的源泉：老舍的软而硬的性格，乐于助人、热心公共事业的品质，勇敢面对困难的生活态度甚至他那爱清洁的生活习惯都来自他的母亲，一位平凡的女性。

作者的笔不仅探入母亲的内心世界，展示她淳朴而美丽的心灵，特别是那份耐人咀嚼回味的对儿女的深情；同时，那支笔又无情地解剖自己。老舍早年出国任教，回国后又为抗日救亡运动四处奔波，无暇回家陪伴和侍奉老母，为此，他一直怀着负疚感；而在母亲去世一年后方才得知噩耗时，他的愧疚和悔恨之情达到高潮，无情地折磨着他的灵魂。他将自己比作插在瓶中的花草，“虽然还有色有香，却失去了根”，他心中强大的根是慈祥的母亲，失去了慈母，他的心将作无根的漂泊。

母亲带着遗憾而去，留给儿子的是无尽的思念和深深的自责，这复杂的内心感受又岂是言语所能描述？唯“心痛”二字结束全文，但言尽情未了，给读者留下一道人生思考题：母亲为儿女付出的是多少？儿女回报于母亲的又有几许？这或许是永远的不等式吧。

母爱是伟大的！母亲是带领孩子认识世界的第一人。母亲的一言一行对孩子的人格形成都有深刻的影响。老舍的母亲有她独特的性格——软中带硬。并且，这种性格在老舍身上打下了深深的烙印。老舍本人的生与死都与这种软中带硬的性格密不可分。如老舍在文中所说，母亲给他的是“生命的教育”。这不仅让读者看到了一位在苦难中保持着传统美德的伟大母亲形象，更让读者理解了中华民族品格的传承与延续。

请同学们也来分析一下我们自己的母亲，感受一下伟大的母爱吧！

阅读在线

没有锁上的门

罗伯特·斯特恩德利

在苏格兰南部的港城格拉斯哥，有一个十几岁的姑娘，她最讨厌父母对她的管束，也不接受家里的宗教信仰。她对父母说：“我可不想要那个上帝，我烦死你们了，我要过自己的生活！”然后她就偷偷地离家出走了。

她立志要当一个自立的女人，一个不受别人约束的人。可是没有多久她就认输了，因为她没有什么特殊的技能，根本就找不到工作。本来回家去向父母认个错，这也没什么大不了的，可她是个特别倔强的孩子，宁死也不愿向父母低头。最终，穷困潦倒的她只得走上街头，成了坏女孩。

时间转瞬即逝，十年过去了。姑娘的父亲在失去女儿的忧郁中死去了，母亲的头发在对女儿思念中变白了，姑娘在那肮脏的环境中越陷越深，不能自拔。

姑娘和家里完全没有联系，母亲却在家中耐心等待女儿的归来。一天，当母亲终于得知了女儿的一丝线索时，便来到这个城市的贫民区，到一个个救助机构去寻找，仍然是音信全无。最后可怜的母亲向他们提了一个简单的要求：能把这张照片贴到布告板上吗？这是母亲的照片，面带慈祥的微笑，头发灰白。照片的下面有一行字：我像从前一样地爱你，回家来吧。

几个月过去了，没有一点消息……

终于有一天，姑娘身无分文了，为了得到一顿免费的晚餐，她走进了一家救助机构。她懒洋洋地坐在桌前，跷着二郎腿，时不时打量着周围。突然，她的视线在布告板上停住了，她看着那张照片，心想：怎么那么像我妈妈呀？

姑娘顾不得那刚刚摆出来的热腾腾的饭菜，不由自主地走到布告板前。她几乎僵在那里："真的是妈妈！天哪，她的头发都白了。"当姑娘看清了照片底那行字时，禁不住泪流满面。

除了回家，她已别无选择。回家心切的姑娘连车票也买不起，30 多公里的路程，她只能靠自己的双脚了。

寂静的黑夜里，姑娘不停地走着，她一点也不害怕。她的眼前不停地浮现出和父亲母亲在一起的美好情景，一股股暖流涌上心头。

天蒙蒙亮时，她到了家门前。心头忽然一阵胆怯，不知该怎么做了。在门口犹豫了好一会，她才举起手去敲门，可刚一碰门，它就自己打开了。姑娘心里十分紧张：出了什么事？她赶紧冲进屋里，跑到母亲的床前，却发现母亲正安详地睡在床上。她禁不住摇醒母亲："妈妈，妈妈，是我，我回来了。"

母亲闻声醒来，两人紧紧地拥抱在一起，失声痛哭了好一阵子。之后，姑娘哽咽着说："我看……门……开着，以为出了什么事……"

母亲擦了擦泪水，笑着说："什么事也没有。从你离开家的那天起，这门……从来没有锁上过……"

"慈母手中线，游子身上衣。临行密密缝，意恐迟迟归。谁言寸草心？报得三春晖。"唐代诗人孟郊的这首《游子吟》是一首母爱的颂歌，它亲切真挚地歌颂了伟大的人性美——母爱。美国作家罗伯特·斯特恩德利的《没有锁上的门》与《游子吟》一样，歌颂了伟大的母爱。文中一位十几岁的姑娘，因讨厌父母的管束而离家出走。十年后，她的父亲在忧郁中离开了人世，母亲也因想念女儿头发变白。虽然女儿与家里完全没有联系，母亲却在家中耐心地等待她的归来。一旦有了女儿的一丝线索，母亲便想方设法四处寻找。终于有一天，姑娘像一只迷途的羔羊，在陷入绝境时，想到了家的温暖。她在接到母亲的召唤后，便不顾一切地赶回家。当她推开那长期以来一直为等待她归来而没有上锁的家门时，母女二人紧紧地拥抱在一起，失声痛哭……特别是最后一句话，让人尤为感动。母亲擦了擦泪水，笑着说："什么事也没有发生，从你离开家的那天起，这门……从来没有锁上过……"

读完这句话，大家都会说："母爱太无私了！"是的，母爱，无法解释，它是那样不差毫厘、那样深沉、那样伟大！不管女儿是年轻还是苍老，都永远有一个温暖的家——母亲的心房。外面的世界在我们眼中很精彩，但一旦融入那个世界，就会像这个女儿一样，发现一切并不是像自己想象的那样。我们总想挣脱家的束缚，一个人自由飞翔。可是，要想飞，总得有一双羽翼丰满的翅膀。

我们总有一天也会像故事中女儿一样，在经历了磨难后，发现只有自己的母亲是最爱我们的人，只有自己的家才是最温暖的地方。父母子女之间血浓于水的亲情，是世界上什么东西也割不断的。父母为我们付出得太多了，而我们为她们做的，又实在是太少了。可怜天下父母心！在此，希望所有的同学都能更多地体谅父母的苦心！

请在下面的格子里面书写"长者立，幼勿坐，长者坐，命乃坐。尊长前，声要低，低不闻，却非宜。进必趋，退必迟，问起对，视勿移。"

子任务二 学会阅读欣赏——《背影》

背 影

朱自清

有的放矢

1．理解“父亲”和“子女”这两个概念所蕴含的情感意义和彼此的神圣使命，懂得珍惜这份感情。

2．探究本文的写作手法，体会场面描写和人物刻画手法的不同效果。

3．关注情感，探讨情感，激发对亲情的思考，学会表达自己真实的情感。

阅读导航

《背影》是现代作家朱自清于1925年所写的一篇回忆性散文。这篇散文叙述了作者的父亲亲自送他到浦口火车站去北京读书，照料他上车，并替他买橘子的情形。全文的高潮是他父亲替他买橘子时在月台爬上攀下时的背影。作者用朴素的文字，把父亲对儿子的爱，表达得深刻细腻，真挚感动，从平凡的事件中，呈现出父亲的关怀和爱护。

这篇散文写作上的主要特点是白描，全文集中描写了父亲在特定场合下使作者极为感动的那一个背影。这种白描的文字，读起来清淡质朴，却情真味浓，蕴藏着一段深情，使情感于平淡中见神奇。文章用侧面烘托的手法更加反衬出父亲爱子的动人力量。朴实的写作风格使父子之间的情感得以原始的展现，不禁引人深思。

阅读原文

我与父亲不相见已二年余了，我最不能忘记的是他的背影。

那年冬天，祖母死了，父亲的差使也交卸了，正是祸不单行的日子。我从北京到徐州，打算跟着父亲奔丧回家。到徐州见着父亲，看见满院狼藉的东西，又想起祖母，不禁簌簌地流下眼泪。父亲说：“事已如此，不必难过，好在天无绝人之路！”

回家变卖典质，父亲还了亏空，又借钱办了丧事。这些日子，家中光景很是惨淡，一半为了丧事，一半为了父亲赋闲。丧事完毕，父亲要到南京谋事，我也要回北京念书，我们便同行。

到南京时，有朋友约去游逛，勾留了一日，第二日上午便须渡江到浦口，下午上车北去。父亲因为事忙，本已说定不送我，叫旅馆里一个熟识的茶房陪我同去。他再三嘱咐茶房，甚是仔细。但他终于不放心，怕茶房不妥帖，颇踌躇了一会。其实我那年已二十岁，北京已来往过两三次，是没有甚么要紧的了。他踌躇了一会，终于决定还是自己送我去。我两三回劝他不必去，他只说："不要紧，他们去不好！"

我们过了江，进了车站。我买票，他忙着照看行李。行李太多了，得向脚夫行些小费，才可过去。他便又忙着和他们讲价钱。我那时真是聪明过分，总觉他说话不大漂亮，非自己插嘴不可。但他终于讲定了价钱，就送我上车。他给我拣定了靠车门的一张椅子，我将他给我做的紫毛大衣铺好座位。他嘱我路上小心，夜里警醒些，不要受凉。又嘱托茶房好好照应我。我心里暗笑他的迂，他们只认得钱，托他们只是白托！而且我这样大年纪的人，难道还不能料理自己么？唉，我现在想想，那时真是太聪明了！

我说道："爸爸，你走吧。"他望车外看了看，说："我买几个橘子去。你就在此地，不要走动。"我看那边月台的栅栏外有几个卖东西的等着顾客。走到那边月台，须穿过铁道，须跳下去又爬上去。父亲是一个胖子，走过去自然要费事些。我本来要去的，他不肯，只好让他去。我看见他戴着黑布小帽，穿着黑布大马褂，深青布棉袍，蹒跚地走到铁道边，慢慢探身下去，尚不大难。可是他穿过铁道，要爬上那边月台，就不容易了。他用两手攀着上面，两脚再向上缩；他肥胖的身子向左微倾，显出努力的样子。这时我看见他的背影，我的泪很快地流下来了。我赶紧拭干了泪，怕他看见，也怕别人看见。我再向外看时，他已抱了朱红的橘子往回走了。过铁道时，他先将橘子散放在地上，自己慢慢爬下，再抱起橘子走。到这边时，我赶紧去搀他。他和我走到车上，将橘子一股脑儿放在我的皮大衣上。于是扑扑衣上的泥土，心里很轻松似的。过一会说："我走了；到那边来信！"我望着他走出去。他走了几步，回过头看见我，说："进去吧，里边没人。"等他的背影混入来来往往的人里，再找不着了，我便进来坐下，我的眼泪又来了。

近几年来，父亲和我都是东奔西走，家中光景是一日不如一日。他少年出外谋生，独力支持，做了许多大事。哪知老境却如此颓唐！他触目伤怀，自然情不能自已。情郁于中，自然要发之于外；家庭琐屑便往往触他之怒。他待我渐渐不同往日。但最近两年的不见，他终于忘却我的不好，只是惦记着我，惦记着我的儿子。我北来后，他写了一信给我，信中说道："我身体平安，惟膀子疼痛厉害，举箸提笔，诸多不便，大约大去之期不远矣。"我读到此处，在晶莹的泪光中，又看见那肥胖的、青布棉袍、黑布马褂的背影。唉！我不知何时再能与他相见！

小试牛刀

1. 本文的题目是“背影”，文中一共几次写到“背影”？这样写有什么作用？

2. 这几次对背影的描写哪一次给你留下的印象最深？

3. 父亲为什么要坚持亲自送我上车？

4. 文中多次写父亲的“嘱咐”和“踌躇”，其用意是什么？

5. 第四段两次用“终于”，有什么作用？

6. 第五段中两个“聪明”各有什么含义？表明作者怎样的心情？你在自己的长辈面前，也有这种自作聪明的情况吗？请说出来与同学们交流一下。

正如作者所说：“我写《背影》，就因为文中所引的父亲的来信里的那句话。当时读了父亲的信，真的泪如泉涌。我父亲待我的许多好处，特别是《背影》里所叙的那一回，想起来跟在眼前一般无二。我这篇文章只是写实。”情到深处自然真，华丽的辞藻是堆砌不出真情实感的。所以朱自清先生的“背影”深深地感动了几代人。

《背影》写的是1917年作者在北大读书时经历的事。作者的家庭，因着社会的黑暗而日趋窘迫，“光景很是惨淡”“一日不如一日”。作者的父亲，先是“赋闲”，后为了找差事而“东奔西走”，乃至老境“颓唐”。这些都从一个侧面反映了当时知识分子奔波劳碌，前途渺茫，谋事艰难，境遇凄惨的现实。在他们心头笼罩一层不散的愁云，如同文章所表现的灰暗的基调。在这一背景上，作者写出的真挚、深沉，感人至深的父子之爱，不仅是符合我们民族伦理道德的一种传统的纯真而高尚的感情，而且父子互相体贴，特别是父亲在融汇了辛酸与悲凉情绪的父子之爱中，含有在厄运面前的挣扎和对人情淡薄的旧世道的抗争。

其实，父与子的情深意切，是矛盾中的理解，同时又何尝不是理解中的矛盾呢。1917年，作者20岁，在北大读书，接受着新文化思潮的影响，对传统封建的意识，有了本能的反抗。但又满怀迷惘，在蹉跎中努力着，又在努力中迷惘。在这种状态下，所以“在这祸不单行的日子里，我从北京回到徐州，打算跟父亲回家奔丧”。其实，这个时候父亲的遭遇是非常艰难的，作为一位中年父亲，是一个男人一生中最辛苦的时候。因为这时候，是压力最大的时候，担着最重的担子，赡养父辈，还要抚养下一代。而此时的“背影”中的父亲，面对着母亲去世、失业、负债、儿子的学业等一系列的问题。生活几近绝境，外在的压力，使父亲的脾气愈加暴躁，正如后来文末所说的那样，“近几年来，父亲和我都是东奔西走，家中光景是一日不如一日。他少年出外谋生，独立支持，做了许多大事。哪知老境却如此颓唐！他触目伤怀，自然情不能自已。情郁于中，自然要发之于外；家庭琐屑便往往触他之怒。他待我渐渐不同往日。”“背影”中那浓浓的爱子深情在现实生活中被磨平磨淡。是啊，作为一个年少时候，满怀激情和美好的梦想的父亲，没想到老年的时候，却如此的落魄。如此惨淡的境遇，只能使老父亲，在暮年忆起儿子，哪怕是现实的生活中，与儿子思想认识不同的差距也化与无形。“但最近两年不见，他终于忘却我的不好，只是惦记着我，惦记着我的儿子。”垂暮的老人，一切都看得开了，所有的隔阂都可以抛在脑后，想着自己的儿子，想着自己的孙子。“背影”中的父亲，送儿子坐车，翻过月台给“我”买橘子，那蹒跚的“背影”，写出了生活的心酸无奈，无奈的父亲对儿子本能的父爱，乃人之天性使然也。然文末道出，父亲大去之期不远的时候，忘却了我的不好，唯惦记儿子，惦记儿子的儿子。这才是大爱，大爱无疆，放得下一切间隙和隔阂的父爱才是让朱自清先生在时隔多年以后，才明白父亲的情深的主要原因，不然一封家书如何勾得起多年前车站离别的一幕。

父爱如山，终得圆满；垂暮之年，终得如愿。而朱自清先生的对父爱的理解又何尝不是一个由不理解到理解，然后深爱的过程呢？年少轻狂的他，又怎么理解。所以在车站的时候，看着父亲和脚夫讨价的时候，我“总觉他说话不大漂亮，非自己插嘴不可”。面对父亲的细细叮嘱，我“心里暗笑他的迂”，然而，八年以后，面对老父亲的家书中的哀叹。这个时候，才忆起，才自责自己原来的年幼无知。“唉，我现在想想，那时真是太聪明了！”一个“唉”，流露出多少的懊悔与自责。如果不是身为人父，是不能理解当时老父的良苦用心的。当时，看着父亲肥胖的身躯攀过月台穿过铁轨，换来了朱红的橘子，我的泪水不由得下来了。然而怕父亲看见，怕别人看见，赶紧的拭干了。这是年少的“我”单纯的感动，是一时间的、刹那间的感动，不是最深的理解。所以离别以后，和老父亲天各一方，都为了自己的生活而劳碌着。“近几年来，父亲和我都是东奔西走，家中光景是一日不如一日。”生活的艰辛，家家都有本难念的经。成家后的儿子，似乎也渐渐地疏远了老父。在生活的跋涉中，父亲的“背影”也被拮据的现实所湮没，慢慢淡化。只是在自己的生活中去扮演着儿子父亲的角色。而父亲晚年，境况不好，待儿子也不如往日，甚至父子之间的罅隙也日益见多。年老体衰的他，再也没有能力为儿子操劳奔波。然而疼爱儿子，关心儿子的心却没有变，越是年老，思念越深。面对老父这个时候，潜伏在朱自清先生心中的对父亲的爱才磅礴而出。所以，文中不仅仅是对当年车站父亲背影的重现，又何尝不包含父亲老年时候的背影呢？其实，这哪里是背影啊？这是对父亲多么深的思念啊！

在一生中，有多少美好被我们在漫长而短暂、匆忙而平淡中遗失，比如亲人之间这朴实无华的爱。我们读《背影》，学会了珍惜，并在生活中学会了感动，学会珍惜我们现在拥有的，学会爱我们身边的人。

一千个父亲就有一千种父爱，但是其本质都是对孩子的疼爱与呵护。但我们是否都理解了他们的爱并且充满感激地接收了呢？父亲的背影，作为儿子来说是再熟悉不过了。请同学们开启对父亲的回忆，描写你父亲的背影。但这次要描写的，却不是那常见的背影，而是在特定场合下，使你极为感动、终生难忘的那个背影。

阅读在线

半截钱里的父爱

黄邦斋

大学学费每年要6 000元。

“我连假钱都没有一张。”爹说。吃饭时，爹不是忘了扒饭，就是忘了咽饭，眼睛睁得圆鼓鼓的，仿佛老僧入定，傻愣愣地坐着。

“魂掉了。”娘心疼地说。

“在这边住茅草屋就算了，去那边住茅草屋也就算了。”突然，爹说，像是自言自语，又像是和娘商量，但那语气不像是在和谁商量。说完，扔下筷子，放下碗，径直出去。我知道，爹准备卖掉为自己精心打造多年的寿方。在我们土家族集居的大深山里，做寿方是和婚嫁一样重要的事情，老人们常满脸严肃地对后生小子们这样叮嘱：“宁可生时无房，不可死时无方（棺材）。”山寨人一生最大也是最后的希望，便是有一副好寿方。

爹的寿方因为木料好，做工好，油漆好，在方圆几十里数第一。听说爹要卖，穷的富的都想买。

当天下午，一位本房叔父以2 500元的高价买走了爹的寿方——爹最后的归宿。“不反悔？”叔父又一次喜滋滋地问。

“不反悔！”爹咬着牙说。当我离家上学时，加上叮当作响的十来个硬币和写给别人的两三张欠条，竟有“巨款”5500元！另外，五亲六戚这个10元，那个20元，学费总算勉强凑齐了。

爹送我，一瘸一拐的——在悬崖烧炭摔的。四天后，到了千里之外的北京报了到，于是，爹厚厚的鞋垫变薄了。他拖下鞋子，摸出剩钱，拣没人的地方数了三遍，四百一十七元五角六分，他全给了我，生活费还差一大截，大学还有四年，我没心思闲逛。

爹和我挤在窄窄的单人床上，我不知什么时候睡着了，又好像一整夜都没睡着。当我睁开眼睛时，天已经大亮了，爹早已出去了。

中午爹才回来。尽管满头大汗，脸上却没有一点血色。

“给，生活费。”推推躺在床上的我，爹递给我一沓百元纸币。

我疑惑地看着他。“今早在街上遇到了一个打工的老乡，向他借的。给你600，我留了200块路费。我现在去买车票，下午回去。”说完，又一瘸一拐地出去了。

他刚走，下铺的同学便问我：“你爸有什么病？我清早在医院里碰见了他。”

我明白了——父亲在卖血！

下午，我默默地跟在爹的后面，送他上车。列车缓缓启动了。这时，爹从上衣口袋中摸出一张皱皱巴巴的十块钱，递给站在窗边的我。

我不接，爹将眼一瞪：“拿着！” 我慌忙伸手去拿。就在我刚捏住钱的瞬间，列车长吼一声，向前驶去。我只感到手头一松，钱被撕成两半！一半在我手中，另一半随父亲渐渐远去。望着手中污渍斑斑的半截钱，我的泪水夺眶而出。

仅过了半个月，我便收到了爹的来信，信中精心包着那半截钱，只一句话：“粘后再用。”这半截钱里的父爱，足够我受用一生！

书写练习

请在下面的格子里书写“树欲静而风不止，子欲养而亲不待。”

子任务三　学会表达交流——介绍与感恩

一、介绍

学习引导

在各种交际活动中，我们要学会倾听、表达与交流，要让口、耳、眼、手等多种感官并用，在语言实践中提高我们的口语交际能力，以利于促进我们的思维发展，为终身的学习、生活和工作奠定基础。

在社交活动中，互不相识的人总免不了做自我介绍。自我介绍是用语言或文字向他人展示自己的一个重要时刻，是每一个职场中人必然要经历的一个重要环节，是日常学习工作中与陌生人建立关系、打开局面的一种非常重要的交际艺术。

我们来看看下面这几个自我介绍的案例吧！

例一：“我叫高鹏飞，父母希望我如大鹏展翅，扶摇高飞，我也希望我们班能乘风而上，奋勇飞翔。”

例二：“我叫章立，立早章，站立的立，我爱唱歌、跳舞，性格开朗，喜欢结交朋友，我希望通过努力，能早早在同学们心中站立。”

例三：“我叫李果，就是咱老李家的一个果。在我之前，我父母一连生了三个姐姐，到我出生，终于又开花又结果。可惜我这颗果子又瘦又矮，但如果有人以貌取人想欺负我，嘿嘿，休想！我可是跆拳道黑带高手，不信来试试！”

例四　一位工人诗人这样描述自己：“一个胸藏锦绣的黑脸大汉，一个朋友如潮的孤独者，一个人人说他自信、幽默而他内心却时时产生危机感的年轻人，这就是我，刘长青，爱诗歌的大桥工人。”

思考与讨论：

1. 什么情况下需要做自我介绍？
2. 做自我介绍应从哪些方面去考虑？
3. 自我介绍在语言上有什么要求？
4. 做自我介绍的技巧有哪些？

学习情景

某职业学校毕业生李民来到了单位报到，到了单位人力资源部和相关部门都要进行自我介绍。同时，单位还为新人们准备了一个迎新见面会，在这个见面会上，李民要如何介绍才能得到大家认可，甚至给大家留下深刻的印象呢？

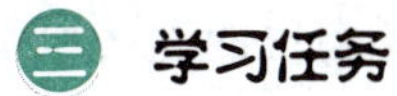

三 学习任务

任 务 书

1. 任务名称：学会介绍。

2. 学习目标：

（1）结合所学专业，根据将来工作情境的需要，学会自我介绍和介绍他人。

（2）能熟练运用介绍这种口头表达方式应对现在的学习及将来的工作，加强语言沟通的效果。

（3）增强同学之间的友谊，学会共处。

3. 任务描述：在本次任务中，我们将完成自我介绍与介绍他人，熟练在各种特殊场景下悦纳自己，介绍好自己，给他人留下深刻印象。

4. 任务要求：

（1）在教师指导下，了解介绍的适用范围，学习介绍的技能技巧。

（2）能根据不同场景的需要进行自我介绍。

（3）在教师指导下，能熟练运用介绍这种表达方式，完成不同的介绍任务。

课堂思考与分享

1. 一般人们在什么场景下会介绍他人？

2. 请大家列举见过哪些有趣的介绍？为什么要这样介绍？

3. 你会介绍他人吗？

知识储备

自我介绍技巧

1. 用真诚的态度和彬彬有礼的语言做自我介绍。恰当的尊称，适宜的谦辞，再加上敬语的运用，能够营造谦和有礼的气氛，给听者留下美好的第一印象。

2. 善于用自己的笑容和眼神表达自己的友善、关怀及渴望沟通的心情。眼睛是心灵的窗户，真诚的眼神，有时会胜过千言万语，在一瞬间拉近彼此的距离，尤其是你有一双美丽动人、脉脉含情的大眼睛时。

3. 明确自我介绍的内容和顺序。自我介绍通常首先介绍自己的基本情况，包括姓名、年龄、籍贯、学历、简历等；其次重点介绍自己突出的成绩、优点和特长，最好是通过自己做过什么、取得过什么来验证，增强可信度；再次介绍自己的性格和兴趣爱好；最后概述自己的缺点和愿望等。

4．落实自我介绍的基本要求。自我介绍时要有重点，即你介绍的正好是别人想知道的。具体要求是：内容客观、真实，重点突出，富有个性；语言简洁、明白，语速适当；礼貌得体，充满自信。

四 实施任务

请按照要求实施如下任务：

1．请你在班上做一个三分钟的自我介绍，要求将姓名、年龄、家乡、性格、优点、缺点、兴趣爱好、专业特长、愿望介绍清楚。

2．某职业学校测量专业毕业生张强来到贵阳昌盛建筑工程公司人力资源部报到，请你为他做一个一分钟的自我介绍。

3．李桂被公司人力资源部安排到工程部做测量技术工作，他将到工程部王主管处工作，请你以李桂的身份向王主管做一个自我介绍。

4．同时，单位还为新人们准备了一个迎新见面会，李民和许多新员工在这个迎新见面会上将进行自我介绍，请以李民的身份向大家做一个自我介绍。

5．三个月后，秦风的同学刘洪平听说秦风公司效益不错，正急缺测量人员，就找到公司请求秦风为他引见，请你以秦风的身份将同学刘洪平向公司相关领导进行介绍。

案例分享

老师好、同学好：

我与周华健同姓，与莫文蔚同名。已到二八年华。

说到模样，常常有人说：远看像爸爸，近看像妈妈。总评是美丽而不动人。

我的优点，爸爸说："爱劳动，人缘好，一放假，比她大的小的都跑到家里找她玩，像个蜂王。"妈妈说："爱整洁，讲卫生，不挑食，体贴人，这优点来之不易，是细条子教出来的。"老师说："喜欢唱歌，歌声动听；喜欢讲故事，幽默，喜欢交友，真诚，谁要是和她同窗，那可是缘分啊！"

我的兴趣爱好比较广泛，琴棋书画会而不精，读课外书和上网玩游戏是我的最爱。

我的缺点多于优点，除了老师的评语"上课不专心，严重偏科，有点骄傲自满"以外，爸爸还给我总结了"学习要用鞭子抽，脑子聪明不中用"的特点。

苦海无涯，回头是岸；亡羊补牢，为时不晚。今天我向老师、同学们保证，改正缺点，自觉认真地学好专业知识，掌握专业技能，三年后大家看我的表现。请老师、同学们帮助我，监督我。

谢谢！

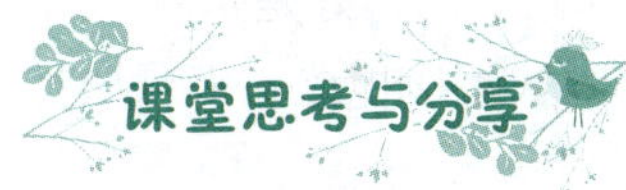

1．这个自我介绍能给人留下印象吗？

2．这个自我介绍有何特点？

教师小结

周文蔚同学介绍自己。采用了近乎列表式的方法，从姓名、年龄、优缺点、兴趣爱好、期望几方面对自己进行了介绍。介绍简单明了，条理清楚，语言幽默，颇具特色。在妥善处理内容详略上，做到了基本情况略说，缺点略说，优点详说。给听众留下逻辑严密、言简意赅、风趣幽默的深刻印象。

教学内容

介绍他人概述

介绍他人是作为第三方为彼此不相识的双方引见、介绍的一种介绍方式。介绍他人通常是双向的，即将被介绍者双方均做一番介绍。

1．介绍他人的时机：遇到下列情况，有必要进行介绍。

（1）与家人外出，路遇家人不相识的同事或朋友。

（2）本人的接待对象遇见了其不相识的人士，而对方又跟自己打了招呼。

（3）在家中或办公地点，接待彼此不相识的客人或来访者。

（4）打算推介某人加入某一方面的交际圈。

（5）受到为他人做介绍的邀请。

（6）陪同上司、长者、来宾时，遇见了其不相识者，而对方又跟自己打了招呼。

（7）亲友陪同前去拜访亲友不相识者。

2．介绍他人的顺序：

为他人做介绍时必须遵守“尊者优先”的规则，即尊者有优先知道对方情况的权利。

例如：把年轻者先介绍给年长者；把职务低者先介绍给职务高者；如果双方年龄、职务相当，则把男士先介绍给女士；把家人先介绍给同事、朋友；把未婚者先介绍给已婚者；把后来者先介绍给先到者。

3．介绍时应注意事项：

（1）介绍者为被介绍者介绍之前，一定要征求一下被介绍双方的意见，切勿上去开口即讲，这样显得很唐突，让被介绍者感到措手不及。

（2）被介绍者在介绍者询问自己是否有意认识某人时，一般不应拒绝，而应欣然应允。实在不愿意时，则应说明理由。

（3）介绍人和被介绍人都应起立，以示尊重和礼貌；待介绍人介绍完毕后，被介绍双方应微笑点头示意或握手致意。

（4）在宴会、会议桌、谈判桌上，视情况介绍人和被介绍人可不必起立，被介绍双方可点头微笑致意；如果被介绍双方相隔较远，中间又有障碍物，可举起右手致意，点头微笑致意。

（5）介绍完毕后，被介绍者双方应依照合乎礼仪的顺序握手，并且彼此问候对方。问候语有“你好、很高兴认识你、久仰大名、幸会幸会”，必要时还可以进一步做自我介绍。

课后作业

汇编班级自我介绍专辑（电子版）。

书写练习

请在下面的格子里面书写“谦虚使人进步，骄傲使人落后。”

二、感恩

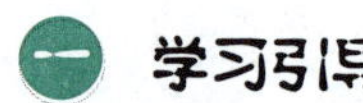

学习引导

教师播放视频手语舞蹈《感恩的心》并讲这个故事的原型。

我来自偶然像一颗尘土
有谁看出我的脆弱
我来自何方我情归何处

谁在下一刻呼唤我
天地虽宽这条路却难走
我看遍这人间坎坷辛苦
我还有多少爱我还有多少泪
要苍天知道我不认输
感恩的心感谢有你
伴我一生让我有勇气做我自己
感恩的心感谢命运
花开花落我一样会珍惜
感恩的心感谢有你
伴我一生让我有勇气做我自己
感恩的心感谢命运
花开花落我一样会珍惜

《感恩的心》故事原型

有一个天生失语的小女孩，爸爸在她很小的时候就去世了，她和妈妈相依为命。妈妈每天很早出去工作，很晚才回来。每到日落时分，小女孩就站在家门口，充满期待地望着门前的那条路，等妈妈回家。妈妈回来的时候是她一天中最快乐的时候，因为妈妈每天都要给她带一块年糕回家。在她们贫穷的家里，一块小小的年糕就是无上的美味啊！

有一天，下着很大的雨，已经过了晚饭的时间了，妈妈却还没有回来。小女孩站在家门口望啊望啊，总也等不到妈妈的身影。天，越来越黑，雨，越下越大，小女孩决定顺着妈妈每天回来的路自己去找妈妈。她走啊走啊，走了很远，终于在路边看见了倒在地上的妈妈。她使劲摇着妈妈的身体，妈妈却没有回答她。她以为妈妈太累睡着了，就把妈妈的头枕在自己的腿上，想让妈妈睡得舒服一点。但是这时她发现，妈妈的眼睛没有闭上！小女孩突然明白：妈妈可能已经死了！她感到恐惧，拉过妈妈的手使劲摇晃，却发现妈妈的手里还紧紧地拽着一块年糕……她拼命地哭着，却发不出一点声音……雨一直下，小女孩也不知哭了多久。她知道妈妈再也不会醒来，现在就只剩下她自己。妈妈的眼睛为什么不闭上呢？那是因为不放心她吗？她突然明白了自己该怎样做。于是擦干眼泪，决定用自己的语言来告诉妈妈一定会好好地活着，让妈妈放心地走……

小女孩就在雨中一遍一遍用手语“唱”着这首《感恩的心》，泪水和雨水混在一起，从她小小的却写满坚强的脸上滑过……“感恩的心，感谢有你，伴我一生，让我有勇气做我自己……感恩的心，感谢命运，花开花落，我一样会珍惜……”

她就这样站在雨中不停歇地“唱”着，一直到妈妈的眼睛终于闭上……

同学们，让我们用这颗感恩的心去认真学习，诚实做人，勇于挑战，以优异的成绩来回报老师，回报母校，回报父母，回报我们的祖国母亲！

思考与讨论：

1. 什么是感恩？
2. 如何感恩？
3. 你会感恩吗？

二 学习情景

我们要拥有一颗感恩的心，才会懂得去孝敬父母；拥有一颗感恩的心，才会懂得去关心、帮助他人；拥有一颗感恩的心，才会勤奋学习，珍爱自己；拥有一颗感恩的心，才能学会包容，赢得真爱，赢得友谊；拥有一颗感恩的心，才会拥有快乐，拥有幸福，才会明白事理、更快地长大，才能够拥有一个美好的未来。而当今社会中有些同学却存在着不被感动、不知感恩，任性、冷漠、自私的心理和行为，针对同学们中存在的以自我为中心，对他人冷漠、不知感恩，师生之间、同学之间、同学们与家长之间又普遍缺乏必要的情感交流现象，我们应该怎么办呢？——必须学会感恩，让我们“心存感恩，成就人生”吧！

三 学习任务

任 务 书

1. 任务名称：学会感恩。

2. 学习目标：

（1）认知父母的养育之恩、教师的培养之恩、他人的关爱之恩，认识到别人所付出的一切不是天经地义、理所当然的，要知道，无论是父母给予生命，还是朋友给予友情或者教师给予智慧，这一切都是恩情。了解感受父母之爱、教师之爱以及博大的社会之爱，体验爱的圣洁、无私和伟大。

（2）学会对帮助过自己的人心存感激，感谢他们，尊重他们，尊重他们的劳动。

（3）感悟到真情回报，不只是对父母、老师、帮助自己的人简单的物质与精神上的回报，重要的是以自己成人成才来回报父母、老师、祖国和社会，从而增强自身的社会责任感，培养自身的健康心态，进而塑造自身的健全人格，提高自身的品德修养。

3．任务描述：在本次任务中，我们将学会识恩、知恩、感恩、报恩、施恩。从身边小事中学会体察生活，知恩图报，学会回馈社会。了解到知恩图报不仅仅是物质上的回报，还包括感情世界的回报，回报可以从学会感谢做起，这包括通过语言与做一些力所能及的小事来表达我们的谢意。大家要学会感受日常生活，感受生命中的各种恩惠，并挖掘出生活中那些小小恩惠的价值。比如对父母的点滴孝心，对师长、同学朋友的看似微不足道的关心，对社会弱势群体的关注等等。

4．任务要求：

（1）在教师指导下，学会手语舞蹈《感恩的心》，体会感恩情怀。

（2）回忆自己的成长历程，讲一个自己的感恩故事，感受生命中的各种恩惠。

（3）算一次亲情账，理解父母的付出。

（4）给父母写一封家书，心怀感恩。

知识储备

什么是感恩？

感恩，从内容上看应包括学会识恩、知恩、感恩、报恩、施恩等几个方面。从对象上看，我们要感恩的是自己周围的人，那些帮助过我们，关心我们，鼓励过我们的人。这里包含我们对父母、对家庭的感恩，对其他亲人的感恩，对同学老师和朋友的感恩，对国家与社会的感恩，对大自然的感恩等。

四 实施任务

请按照要求实施如下任务：

1．学会手语舞蹈《感恩的心》。

2．回忆自己的成长历程，讲一个自己的感恩故事。

3．算一次亲情账，并在组内进行汇报：将自己自上学以来的学费、书杂费、生活费、交通费、零花钱等支出加起来，算出家长为自己的支出；假定自己毕业后的收入，计算自己大致需要多少年才能回报父母。

4．向父母写一封家书，汇报自己在校的学习、生活情况，表达自己的感恩之情。

案例分析

新生陈勇来到某职业学校学习已经三个星期了，可他从来没有主动给家里人打过一个电话。家里人打电话来，他也很不耐烦地回答，还是母亲打电话给班主任才知道他在学校的学习及生活等具体情况。家里给的1000元生活费用得差不多了，陈勇才拿起电话给父亲打电话："爸：钱。"父亲连忙问："儿呀，怎么回事？不是给了你一个月的生活费1000元吗？"陈勇生气地说："给不给？不给，我饿死算了。"

思考与讨论：

1. 陈勇的行为做得对吗？

2. 陈勇是个什么样的人？

3. 试想对自己的父母都不尊重、不耐烦的人将来会对他人好吗？会成为对社会有用的人吗？

教师结论

同学们，让我们学会寻恩、感恩、报恩吧！寻恩，就是每天学会观察，不断寻找身边人的恩德，用文字记录这些恩德。感恩，就是感受到恩德，感动于恩德，用心体味，用行动回报。报恩，就是报答恩情，用多种方式去报答身边人的恩情，可以是送去一句感谢的话语，可以是长期坚持为班级、为同学、为家人做一些事情，等等，也可以帮助那些需要帮助的人。

教学内容

学会感恩

"谁言寸草心，报得三春晖""谁知盘中餐，粒粒皆辛苦"，我们小时候背诵的这些诗句，讲的就是感恩。"滴水之恩，涌泉相报""衔环结草，以恩报德"，中国绵延多年的古老成语，告诉我们的也是感恩。

"感恩"之心，就是对世间所有给予我们帮助的人和事物表示感激，并且铭记在心；"感恩"之心，就是我们每个人生活中不可或缺的阳光雨露，一刻也不能少。无论你是何等尊贵，或是看似卑微；无论你生活在何地何处，或是你有着怎样特别的生活经历，只要你心中常常怀着一颗感恩的心，随之而来的，就必然会不断地涌动着诸如温暖、自信、坚定、善良等这些美好的处世品格。

感恩是每个人应有的基本道德准则，是做人的起码修养。感恩，是人性善的反应；感恩，是一种生活态度；感恩是一种生活的大智慧；感恩是一切良好的非智力因素的精神底色；感恩是学会做人的支点；感恩可以消解内心所有积怨；感恩可以涤荡世间一切尘埃；感恩让世界这样多彩；感恩让我们如此美丽！

如果人与人之间缺乏感恩之心，必然会导致人际关系的冷漠。不懂得知恩图报、忘恩负义之人，必是遭人唾骂的无耻之人。所以，每个人都应该学会感恩。学会感恩，就是要学会懂得尊重他人，对他人的帮助时时怀有感激之心；学会感恩，就是让你知道每个人都在享受着别人通过付出给自己带来的快乐生活。学会感恩，首先要拥有一颗感恩的心，一个人只有懂得感恩，才会懂得付出，懂得付出后，才能获得感恩；学会感恩，要培养谦虚的品德，对待比自己弱小的人，要知道躬身弯腰伸出援助之手；学会感恩，要有奉献精神，无论做什么事，应以“公”为先，做一个大公无私、乐于奉献的人。

感恩方式多　任由你来做

感恩父母：

送父母一句温馨的祝福；给父母讲一个开心的故事；给父母过生日；赠送亲手制作的礼物；给父母捶捶背、打一盆水、洗一洗脚；为家里做四件家务事：打扫卫生、叠被子、洗碗、洗衣物；倡导节约，杜绝浪费，为父母节约一分钱、一粒米；向父母写一封家书，汇报自己在校学习、生活情况。

感恩老师：

见到老师，使用文明用语，感激老师的培育之恩；上课认真听讲，认真思考和回答老师提出的问题；向老师献真情，比如给老师写一封信，找老师谈一次心，为老师做一张贺卡或献一份礼物，向老师提一个建议，向老师表一个决心。

感恩他人：

同学之间互帮、互助、互学、互进；开展扶贫助学献爱心活动；开展校园环境我来护活动；开展帮助社会弱势群体的社会实践活动，比如慰问帮助老年人等。

感恩祖国：

收集“祖国之最”及祖国的自然风貌、人文景观、经济发展、科技进步、文化繁荣的图片资料并进行展示；观看爱国影片。

任意做一件感恩父母、老师、他人的事情。

请在下面的格子里书写“感恩天地滋养万物，感恩国家培养护佑，感恩父母养育之恩，感恩老师辛勤教导，感恩同学关心帮助，感恩农夫辛勤劳作，感恩所有付出的人。让我们快乐地生活在感恩的世界里。”

任务二 崇尚自然

本任务主题描述

本任务的主题是“崇尚自然”，重在向学生灌输人与自然和谐相处的概念，引导学生学会珍惜自然，敬畏生命，增强认识人与自然关系的能力，培养在今后的经济、社会生活中主动保护环境，与环境和谐发展的意识和素质。

本任务阅读欣赏选编了有关“崇尚自然”话题的《2015 贵阳共识》和《最后一只藏羚羊》两篇文章。《2015 贵阳共识》是一篇报告性文学，以与会者达成的共识，展示了当代人类建设生态文明的决心和毅力；《最后一只藏羚羊》是一篇叙事性散文，用描写、抒情等手法描绘出了一个个生动的场景，并用鲜明的词句将可可西里的前后进行了展现，值得读者品味与思考。

本任务表达交流的学习内容是“赞美”，紧密围绕“学会交流，掌握沟通技巧”这一主题展开，提升学生的交流水平。

本任务知识目标

1. 整体感知课文，了解课文大意。
2. 阅读文中的故事，把握文中阐述的主要观点。
3. 掌握报告性文学和叙事性散文的写作手法。
4. 学会表达“赞美”。

本任务能力目标

1. 能概括文章的大意，体会作者所阐述的思想观点。
2. 学会用已有的事实材料，写好一篇报告性文学。
3. 学会表达“赞美”的技巧和方法。

本任务情感目标

1. 热爱大自然，学会珍惜生命，爱护自然环境。
2. 培养人与自然和谐相处的态度。

3．掌握人际交流的技巧，学会积极与人沟通，学会赞美，建立和谐的人际关系。

子任务一　学会阅读欣赏——《2015 贵阳共识》

2015 贵阳共识

1．深刻认识人类对自然的依存关系。

2．学习新闻写作及报告性文学的基本写作方法。

3．立即行动起来，为建设和谐的生态文明尽一份应尽之责。

阅读导航

生态文明贵阳国际论坛是经中央批准，中国唯一以生态文明为主题的国家级、国际性高端峰会。论坛致力于汇聚政府、商界、学界、科技界、媒体、民间及其他各界领导者开展交流与合作，传播生态文明理念，分享知识与经验，汇集最佳案例，促进政策的落实与完善，抓住绿色发展转型和升级的战略机遇，应对生态安全的挑战，为跨领域、跨行业、跨部门合作提供桥梁，使与会各方增进了解，建立互信，找到利益汇合点，从而形成国际、地区、产业的议程，共商解决方案。

本文是一篇报告性文学，简要概括了本届生态文明会的相关议程，也提出了本届生态文明会，全会人员达成的为维持生态平衡，共建绿色家园的共识。本文不仅为我们 2015 年，也为今后推进生态化建设提出了建设性的意见，并向我们指出建设生态文明的重要性。同时，也提醒我们去思考，为什么要召开生态文明会这一类的会议？它有何意义？我们作为人类的一分子，应该怎样做？

阅读原文

2015 年 6 月 26 日至 28 日，生态文明贵阳国际论坛 2015 年年会在中国贵州省贵阳市举行。

中共中央书记处书记、全国政协副主席杜青林出席论坛年会并发表主旨演讲，强调要以对人民群众、对子孙后代高度负责的态度和责任，追求生态文明，切实推进绿色化，奋力走上一条既要金山银山、更要绿水青山的康庄大道。爱尔兰前总理伯蒂·埃亨，巴基斯坦前总理肖卡特·阿齐兹，澳大利亚前总理陆克文，原国务委员戴秉国，第十届全国政协副主席张怀西等发表演讲，高度评价了中国建设生态文明的理念、推动绿色化的政策措施以及取得的实践成果，表达了加强生态文明国际合作与交流、积极应对气候变化、推进国际可持续发展合作的主张。联合国相关机构及国际组织负责人、国家有关部委负责人、知名专家学者和大学校长、部分省（区、市）负责人、著名企业家、媒体负责人等来自50多个国家和地区的1000余名海内外嘉宾，就全球低碳转型与可持续发展、生物多样性与绿色发展、生态文明与开放式扶贫、国家公园、横向生态补偿等全球性、区域性重点焦点难点问题，深入开展了前瞻性、趋势性、务实性探讨，共举办了3个专题高峰会议、32个主题论坛以及民族生态文化展示、生态文明建设成果展示等系列活动，取得了丰硕成果。

与会者高度赞赏中国出台《关于加快推进生态文明建设的意见》，把生态文明放在前所未有的高度，融入经济建设、政治建设、文化建设、社会建设各方面和全过程的实际行动。一致认为，本届年会以“走向生态文明新时代：新议程、新常态、新行动”为主题，纵论绿色发展新未来，谋划生态文明新时代，完全契合现实的需求和未来的方向，凝聚了国际社会对生态文明建设的共同关注和历史责任，具有非常重要的意义。

与会者感到，应对气候变化是国际社会的共同责任。面对越来越多的极端天气事件带来的严峻挑战，人类必须积极应对气候变化，主动顺应气候规律，合理开发和保护气候资源，大力推进绿色、循环、低碳发展，着力改善大气环境质量，保障气候安全，促进人与自然和谐发展。世界各国都应落实减排责任，发达国家应为发展中国家提供更多资金、技术支持，共同推动即将在巴黎召开的联合国气候变化大会达成一个全面、平衡、有力度的协议，加快推动形成公平合理、合作共赢的全球气候治理体系。

与会者感到，2015年是联合国千年发展目标的收官之年，是后2015发展议程的制定之年。后2015发展议程应在总结千年发展目标经验基础上，重点围绕“消除贫困和饥饿、促进经济增长”“全面推进社会进步、维护公平正义”“加强生态文明建设、促进可持续发展”的新议程，在着力解决好贫困、饥饿、卫生等发展中国家人民基本生存问题的同时，更加突出可持续发展的理念，推进经济、社会、环境协调发展。应尊重各国不同国情、发展水平和发展阶段，支持各国自主选择适合本国的发展政策、发展模式和发展道路，建立更加平等均衡的全球发展伙伴关系，推动制定一个公平、包容、可持续的2015后发展议程。

与会者感到，当前中国经济发展进入新常态，新常态下更要重视抓生态，这是国际社会能够取得最大公约数的一个重要领域，也是国际合作最为广泛的重要领域。各国应秉持开放包容的理念，更加突出创新驱动，更加注重生态文明，更加自觉遵循生态经济协调发展、生态需求增值归流，加快转变发展方式，做到既发展经济又保护环境，努力创造更多的绿色财富和生态福利。

与会者共同认为，面对日趋复杂严峻的生态环境问题，尊重自然、顺应自然、保护自然，协同推进新型工业化、信息化、城镇化、农业现代化和绿色化，努力走出一条生产发展、生活富裕、生态良好的文明发展道路，是人类可持续发展的必然选择。应从全球视野加快推进生态文明建设，把生态文明建设放在更加突出的战略位置，落实到大力推进绿色化的新行动上，坚守发展和生态两条底线，携手建设天蓝地绿水净、宜居美丽的绿色化地球家园。

第一，大力推进绿色化，必须树立人与自然和谐共生的理念。人与自然的关系是人类永恒的话题。人类从原始文明、农业文明到工业文明，生产的物质财富在前所未有增长的同时，自然生态和资源环境也受到了严重破坏。生态兴则文明兴。必须牢固树立人与自然和谐共生的理念，进一步凝聚“生态共识”、培育“生态价值观”，“像保护眼睛一样保护生态环境，像对待生命一样对待生态环境”，始终把保护和利用好生态环境作为发展的基础，使蓝天常在、青山常在、绿水常在。

第二，大力推进绿色化，必须加快转变生产方式。当今世界经济处于深度调整期，经济环境的不确定性依然突出，绿色化为推动全球经济可持续发展提供了新的动力和出路。应紧紧抓住生态文明建设带来的机遇，推动绿色技术创新，改造提升传统产业，大力发展节能环保低碳产业，加快构建绿色化的产业结构和能源消费结构，推动生产方式绿色化，从根本上缓解经济发展与资源环境之间的矛盾，努力形成生态化、可持续的绿色发展方式。

第三，大力推进绿色化，必须加强生态建设和环境保护。良好的生态环境，是最公平的公共产品，是最普惠的民生福祉。应坚持节约优先、保护优先、自然恢复为主的基本方针，加大自然生态系统和环境保护力度，全面推进节能减排、污染防治和植树造林，把广泛的“生态共识”转化为扎实有效的“生态行动”，自觉践行绿色、低碳生活方式，让山水、田园、城镇、乡村各美其美、美美与共。

第四，大力推进绿色化，必须加强制度和法治保障。绿色化需要系统完善的生态文明制度和法律体系作保障。应深入推进生态文明建设的制度化、全球化进程，实施有利于绿色发展和生态保护的政策措施，加快形成有利于绿色、循环、低碳发展的体制机制。坚持把法治思维和法治方式贯穿于绿色化的全过程，用制度和法律保障生态建设，抑制不顾资源环境的承载能力、盲目追求发展的短期行为，最大限度实现资源的持续利用和生态环境的持续改善，绝不以牺牲环境为代价去换取一时的经济增长。

第五，大力推进绿色化，必须坚持加强国际合作。各国都应牢固树立命运共同体意识，顺应时代发展潮流，秉持平等、互助、合作、共赢宗旨，坚持同舟共济、携手共进，以对人类共同负责和人类间相互包容的精神，加强绿色科技国际交流，加大绿色产业国际合作，实现共同绿色发展。应加强沟通协调，坚持“共同但有区别的责任”原则、公平原则和各自能力原则，综合考虑各国发展阶段和发展能力的差异，在积极承担与自身国情发展阶段和实际能力相符的国际义务的基础上，在应对气候变化等领域开展更加广泛、深入的合作，共创绿色发展的美好未来。

与会者认为，从今年开始，论坛年会设立主宾省活动，海南省作为第一个主宾省出席论坛年会，全面介绍了推进生态文明建设的做法、经验和成就，充分表达了借助这一论坛年会加强与国内外各地区在海洋文明建设等方面沟通交流与互利合作的愿望，是年会的一大特色和亮点。年会另一大亮点是经过两年多的酝酿和筹备，在各有关方面的支持下，首届生态文明贵阳国际论坛国际咨询会于6月28日上午成功召开。

与会者共同认为，通过各方努力，生态文明贵阳国际论坛必将为全球绿色发展提供更多可借鉴、可参考的积极成果，必将真正成为传播我国生态文明理念的重要窗口、探讨解决全球生态气候问题的重要平台。与会者呼吁，世界“绿色化”大潮需要各方积极参与，大家应携起手来，共商新议程、适应新常态、采取新行动，共同走向生态文明新时代。

小试牛刀

1．通读全篇，请找出本届生态文明贵阳国际论坛的主题。

2．面对越来越多的极端天气变化，各国应该怎样积极面对？

3．在《2015贵阳共识》中提出“应从全球视野加快推进生态文明建设，把生态文明建设放在更加突出的战略位置，落实到大力推进绿色化的新行动上，坚守发展和生态两条底线，携手建设天蓝地绿水净、宜居美丽的绿色化地球家园。”请指出，推进绿色化建设，应从哪些方面着手？

4．通读全文，请指出2015年，在生态文明会上，共达成了几点共识？

5．拓展思维：请思考召开生态文明贵阳国际论坛的意义？

下面是美国学者加勒特·哈定于1968年讲述的一则名为“公地的悲剧”的现代寓言，遗憾得很，就像中国许多著名的寓言故事一样，“公地的悲剧”这样的现代寓言在现实生活中也不断地上演着，因为我们周围确实经常存在着大量的“聪明

的牧人”。阅读这则现代寓言，领悟其深刻内涵，然后查找资料，以“愚蠢的聪明人”为题，报道一个事实，再就此事实做一个简短的评论。最好配上合适的图片，以增强文章的感染力。

一片草原上生活着一群聪明的牧人，他们各自勤奋地工作，增加着自己的牛羊。随着畜群的不断扩大，终于达到了这片草原可以承受的极限，每再增加一头牛羊，都会给草原带来损害。但每个牧人的聪明都足以使他明白，如果他再增加一头牛羊，由此带来的收益全部归他自己，而由此造成的损失则由全体牧人分担。于是，大家不懈努力，继续繁殖各自的畜群。最终，这片草原毁灭了。

阅读在线

《巴黎协定》（节选）

本协定缔约方，作为《联合国气候变化框架公约》（下称《公约》）缔约方，按照《公约》缔约方会议第十七届会议第 1/CP.17 号决定建立的德班加强行动平台，根据《公约》目标，并遵循其原则，包括以公平为基础并体现共同但有区别的责任和各自能力的原则，同时要根据不同的国情，认识到必须根据现有的最佳科学知识，对气候变化的紧迫威胁作出有效和逐渐的应对，又认识到《公约》所述的发展中国家缔约方的具体需要和特殊情况，特别是那些对气候变化不利影响特别脆弱的发展中国家缔约方的具体需要和特殊情况，充分考虑到最不发达国家在筹资和技术转让行动方面的具体需要和特殊情况，认识到缔约方不仅可能受到气候变化的影响，而且还可能受到为应对气候变化而采取的措施的影响，强调气候变化行动、应对和影响与平等获得可持续发展和消除贫困有着内在的关系，认识到保障粮食安全和消除饥饿的根本性优先事项，以及粮食生产系统对气候变化不利影响的特殊脆弱性，考虑到务必根据国家制定的发展优先事项，实现劳动力公正转型以及创造体面工作和高质量就业岗位，承认气候变化是人类共同关注的问题，缔约方在采取行动处理气候变化时，应当尊重、促进和考虑它们各自对人权、健康权、土著人民权利、当地社区权利、移徙者权利、儿童权利、残疾人权利、弱势人权利、发展权，以及性别平等、妇女赋权和代际公平等的义务，认识到必须酌情养护和加强《公约》所述的温室气体的汇和库，注意到必须确保包括海洋在内的所有生态系统的完整性，保护被有些文化认作大地母亲的生物多样性，并注意到在采取行动处理气候变化时关于“气候公正”的某些概念的重要性，申明必须就本协定处理的事项在各级开展教育、培训、宣传，公众参与和公众获得信息和合作，认识到在本协定处理的事项方面让各级参与的重要性，认识到按照缔约方各自的国内立法使各级政府和各行为方参与处理气候的重要性，又认识到在发达国家缔约方带头下的可持续生活方式以及可持续的消费和生产模式，对处理气候变化所发挥的重要作用，协定如下：

第一条

为本协定的目的，《公约》第一条所载的定义都应适用。此外：

1.“公约”指1992年5月9日在纽约通过的《联合国气候变化框架公约》；

2.“缔约方会议”指《公约》缔约方会议；

3.“缔约方”指本协定缔约方。

第二条

1.本协定在加强《公约》，包括其目标的执行方面，旨在联系可持续发展和消除贫困的努力，加强对气候变化威胁的全球应对，包括：

（1）把全球平均气温升幅控制在工业化前水平以上低于2℃之内，并努力将气温升幅限制在工业化前水平以上1.5℃之内，同时认识到这将大大减少气候变化的风险和影响；

（2）提高适应气候变化不利影响的能力并以不威胁粮食生产的方式增强气候抗御力和温室气体低排放发展；

（3）使资金流动符合温室气体低排放和气候适应型发展的路径。

2.本协定的执行将按照不同的国情体现平等以及共同但有区别的责任和各自的原则。

第三条

作为全球应对气候变化的国家自主贡献，所有缔约方将保证并通报第四条、第七条、第九条、第十条、第十一条和第十三条所界定的有力度的努力，以实现本协定第二条所述的目的。所有缔约方的努力将随着时间的推移而逐渐增加，同时认识到需要支持发展中国家缔约方，以有效执行本协定。

第四条

1.为了实现第二条规定的长期气温目标，缔约方旨在尽快达到温室气体排放的全球峰值，同时认识到达峰对发展中国家缔约方来说需要更长的时间；此后利用现有的最佳科学迅速减排，以联系可持续发展和消除贫困，在平等的基础上，在本世纪下半叶实现温室气体源的人为排放与汇的清除之间的平衡。

2.各缔约方应编制、通报并保持它打算实现的下一次国家自主贡献。缔约方应采取国内减缓措施，以实现这种贡献的目标。

3.各缔约方下一次的国家自主贡献将按不同的国情，逐步增加缔约方当前的国家自主贡献，并反映其尽可能大的力度，同时反映其共同但有区别的责任和各自能力。

4. 发达国家缔约方应当继续带头，努力实现全经济绝对减排目标。发展中国家缔约方应当继续加强它们的减缓努力，应鼓励它们根据不同的国情，逐渐实现全经济绝对减排或限排目标。

5. 应向发展中国家缔约方提供支助，以根据本协定第九条、第十条和第十一条执行本条，同时认识到增强对发展中国家缔约方的支助，将能够加大它们的行动力度。

6. 最不发达国家和小岛屿发展中国家可编制和通报反映它们特殊情况的关于温室气体低排放发展的战略、计划和行动。

7. 从缔约方的适应行动和 / 或经济多样化计划中获得的减缓共同收益，能促进本条下的减缓成果。

8. 在通报国家自主贡献时，所有缔约方应根据第 1/CP.21 号决定和作为《巴黎协定》缔约方会议的《公约》缔约方会议的任何有关决定，为清晰、透明和了解而提供必要的信息。

9. 各缔约方应根据第 1/CP.21 号决定和作为《巴黎协定》缔约方会议的《公约》缔约方会议的任何有关决定，并参照第十四条所述的全球总结的结果，每五年通报一次国家自主贡献。

10. 作为《巴黎协定》缔约方会议的《公约》缔约方会议应在第一届会议上审议国家自主贡献的共同时间框架。

11. 缔约方可根据作为《巴黎协定》缔约方会议的《公约》缔约方会议通过的指导，随时调整其现有的国家自主贡献，以加强其力度水平。

12. 缔约方通报的国家自主贡献应记录在秘书处保持的一个公共登记册上。

13. 缔约方应核算它们的国家自主贡献。在核算相当于它们国家自主贡献中的人为排放量和清除量时，缔约方应促进环境完整性、透明、精确、完整、可比和一致性，并确保根据作为《巴黎协定》缔约方会议的《公约》缔约方会议通过的指导避免双重核算。

14. 在国家自主贡献方面，当缔约方在承认和执行人为排放和清除方面的减缓行动时，应当按照本条第 13 款的规定，酌情考虑《公约》下的现有方法和指导。

15. 缔约方在执行本协定时，应考虑那些经济受应对措施影响最严重的缔约方，特别是发展中国家缔约方关注的问题。

16. 缔约方，包括区域经济一体化组织及其成员国，凡是达成了一项协定，根据条第 2 款联合采取行动的，均应在它们通报国家自主贡献时，将该协定的条款秘书处，包括有关时期内分配给各缔约方的排放量。再应由秘书处向《公约》的缔约方和签署方通报该协定的条款。

17. 以上第 16 款提及的这种协定的各缔约方应根据本条第 13 款和第 14 款以及第十三条和第十五条对该协定为它规定的排放水平承担责任。

18. 如果缔约方在一个其本身是本协定缔约方的区域经济一体化组织的框架内与该组织一起，采取联合行动开展这项工作，那么该区域经济一体化组织的各国单独并与该区域经济一体化组织一起，应根据本条第 13 款和第 14 款以及第十三条和第十五条，对根据本条第 16 款通报的协定为它规定的排放量承担责任。

19. 所有缔约方应努力拟定并通报长期温室气体低排放发展战略，同时注意第二条，根据不同国情，考虑它们共同但有区别的责任和各自能力。

……

书写练习

请在下面的格子里书写“冬不节约春要愁，夏不劳动秋无收。”

子任务二　学会阅读与欣赏——《最后一只藏羚羊》

最后一只藏羚羊

彭波

有的放矢

1．清醒地认识到藏羚羊是可可西里的原住民，它们有和人类共生的权利，这也是人类自身生存发展的长远需要。

2．学习课文融冷峻叙事、描写于一体，寄寓深刻思想的写作特点。

3．在生活中践行珍惜生命，爱护自然的道德法则。

阅读导航

藏羚羊生活在中国青藏高原，被称为“可可西里的骄傲”，群居。

藏羚羊作为青藏高原动物区系的典型代表，具有难于估量的科学价值。藏羚羊适应高寒气候，藏羚绒轻软纤细，弹性好，保暖性极强，被称为“羊绒之王”，也因其昂贵的身价被称为“软黄金”。藏羚羊曾被猎杀，数量下降，现存种群数量在7万～10万只。

这是一篇对人类与自然关系进行深刻反思的散文。作品展现了藏羚羊在面对生命时的渴望和无奈，鞭挞了人类的野蛮和愚昧，呼唤着人类热爱自然、珍惜生命和保护自然界生物的忧患意识。文章篇幅不长，却给人以心灵的巨大震撼，让人不得不掩卷深思。

阅读原文

夕阳西下，晚霞轻柔地洒在可可西里的土地上，宁静而贫瘠的土地仿佛又多了几分生机。我呆呆地伫立在寒风中，影子拉得很远很远……我的脚下就是我刚刚死去的丈夫和女儿，他们已经被踩躏得面目全非，四周满是我部族的尸体，他们的皮全部被扒光。空气中弥漫着血腥气，地上血流成河。在夕阳的照耀下，显得愈加惨烈。

我，这场大屠杀中唯一的幸存者，便成了可可西里最后的一只藏羚羊。

就在几年前，我们藏羚羊还是一个有着二十万之多的种族，那时候啊，我们几个部族一起在荒无人烟的草原上驰骋，烟尘蔽日，黄土满天，情景极为壮观。每逢产仔季节，身为妻子的我们便要和丈夫告别，成群结队地去到北方，当几千只小藏羚同时出世时，整个大地都泛起了血光，我们带着孩子重返南方，我们的部族便又增添了生机与希望。

我曾经无比自豪于自己是一只藏羚羊，我们生活在遥远的可可西里，那里气候恶劣，土地贫瘠，可我们却有着惊人的耐力。什么水草丰茂的地方，对我们没有任何吸引力，我们常常悠然地卧在雪中，或是在猛烈的冰雹下嬉戏。那时的可可西里之于我们，无异于世外桃源，那梦一般的世界曾经是多么的美丽。然而，一声枪响穿透了可可西里的黎明，我的梦被击得粉碎。当一辆辆吉普在高原上奔驰的时候，我的无数同伴也好奇的紧随其后要和他比个高低，追逐嘛，这是我们常玩的游戏……

然而这一次我们却只猜对了开头，却猜不着这结局，一只只黑洞洞的枪口正悄悄举起……

从那一刻起我的种族的大杀戮便开始了，静谧的可可西里被枪声毁掉了。

啊，我清楚地记得，就在那个夏天，在我们产仔的北方，人类早已准备好了一杆杆猎枪，一时间，产仔的圣地变成了血腥的屠宰场，我同伴的尸体几百只几百只地铺在地上，他们的皮被完全剥去，有的甚至是被活生生的剥光，我开始后悔自己是一只藏羚羊了。我们其实长得并不美丽，我们只不过有了一身价值连城的皮毛而已，可就因为这一身皮毛，几年来不知道多少兄弟姐妹惨遭杀戮，而且所有的尸体都被剥了皮啊！

粉红色的肉上鲜血淋漓，现在可可西里不再是美丽的少女，而成为恐怖的墓地。十几万只藏羚羊长眠在这里……

为了活命，这个夏末，我们这个在几次大屠杀中唯一的一个幸存的部族开始迁徙，几千只藏羚羊开始浩浩荡荡地向北方前进。途中，我由于身体不适掉了队，落在后面休息。可就在这个时候，就是这个时候，我听远处响起了密集的枪声，我绝望地闭上了眼睛，我俯下身子舔着我的丈夫，他的眼睛还是那么大，那么明亮，只是充满了恐惧，我又去亲吻我的小女儿，她的眼中只有惊诧与好奇。女儿啊，你还太小，妈妈知道你是至死也不明白发生了什么事情。

其实，其实妈妈也不明白，为什么，为什么人类在自己的亲人死去时悲痛欲绝，却能够坦然地杀掉上千别人的亲人，难道他们开枪时没有一丝犹豫吗？他们动手剥皮时就没有一点怜悯吗？当他们的亲人惨遭杀戮而他们自己却无能为力反击时，他们又会怎么样！

这时，一丝声响在我的背后响起，我慢慢地转过身，眼前是乌黑的枪口……

在惨烈的夕阳下，在同伴的尸体中，我竟然露出了一丝惨淡的笑容。

无知的人类啊，你们究竟还要愚昧到几时啊。你们毁灭了我们，其实正是在毁灭你们自己。你们今天践踏在我们的尸体上，可总有一天，你们的尸体将会被自己践踏！尽管开枪吧，开枪啊！你们唯一的贡献就是在已灭绝的动物名单上又添了一笔，便是把你们自己灭绝的日期又提前了一天……

枪响了，我大睁着双眼倒在地上，嘴角仍挂着微笑，而眼角却流下一颗浑浊的泪滴……

今晚的星啊，真美，望着它，我仿佛又看到了我的丈夫和女儿，还有那梦中的可可西里。几万只藏羚羊在草原上奔驰，尘土飞扬。阳光洒在他们的皮毛上，泛着金光……

小试牛刀

1. 通读全篇课文，请结合课文中的语言用自己的话描绘出可可西里曾经的自然之美和现在的环境状况。

2. 请简要分析文中出现的“微笑”“泪滴”等词所蕴含的意义。

3．课文中有句话说："无知的人类啊，你们究竟还要愚昧到几时啊。你们毁灭了我们，其实正是在毁灭你们自己。"你是如何理解这句话的？

从17世纪到20世纪末的三百年里，可以说是世界从近代逐步走向现代的时期，在这三百年里，人类文明飞速发展，时代在进步，地球正在一点点地为我们所改变。同时在这三百年里，地球上也有三百多种美丽的动物永远地离我们而去了。它们中有：世界上最大的海雀、毫无防御能力的史德拉海牛、地球上最大的狮子、世界最南端的狼、唯一生活在非洲的熊、亚洲西部唯一的老虎、世界上仅有的纯白的狼……

渡渡鸟于1681年灭绝；

白令海峡的史德拉海牛于1768年灭绝；

恐鸟于1800年以后灭绝；

白足大洋洲林鼠于19世纪初灭绝；

西非狮于1865年灭绝；

阿特拉斯棕熊于1870年灭绝；

南极狼于1875年灭亡；

拟斑马于1878年绝迹；

美国缅因州海鼬于1880年灭亡；

牙买加仓鼠于1880年灭绝；

中国白臀叶猴于1882年灭亡；

斑驴于1883年灭绝；

大洋洲小兔獐于1890年灭绝；

昆士兰毛鼻袋熊于1900年灭绝；

圣诞岛虎头鼠于1900年灭绝；

澳大利亚米氏弹鼠于1901年灭绝；

南加利福尼亚猫狐于1903年灭绝；

纹兔袋鼠于1906年灭绝；

亚洲狮于1908年灭绝；

西袋狸于1910年灭绝；

东袋狸于1940年灭绝；

北美白狼于1911年灭绝；

基奈山狼于1915年灭绝；

佛罗里达黑狼于1917年灭绝；

马里恩象龟于1918年灭绝；

堪查加棕熊于1920年灭绝；

新墨西哥狼于1920年灭绝；

长毛蜘蛛猴于20世纪20年代灭绝；

中国犀牛于1922年灭绝；

澳大利亚豚足袋狸于1926年灭绝；

澳大利亚花袋鼠于1927年灭绝；

澳大利亚巨兔袋狸于1930年灭绝；

北美旅鸽于1930年灭绝（数十亿只不到一个世纪时间绝种）；

新南威尔士白袋鼠于1930年灭绝；

大洋洲塔斯马尼亚狼于1933年灭绝；

大洋洲袋狼于1934年灭绝；

塔斯曼尼亚虎于1936年灭绝；

巴厘虎于1937年灭绝；

巴基斯坦沙猫于1940年灭绝；

大海雀于1944年灭绝；

亚洲猎豹于1948年灭绝；

喀斯喀特棕狼于1950年灭绝；

中国豚鹿于1960年灭绝；

墨西哥灰熊于1964年灭绝；

得克萨斯红狼于1970年灭绝；

中国台湾云豹于1972年灭绝；

西亚虎于1980年灭绝；

爪哇虎于1980年灭绝；

加拿大黑足雪貂于90年代灭绝；

亚欧水貂于20世纪末灭绝。

它们的灭绝绝大多数都与人类有着密不可分的关系，它们有的是因为栖息地和家园被人类的开发和活动破坏失去了安身之地；有的是因为人类为了自身利益或者满足自己奢侈目的对它们恶意地进行大肆捕杀……

据统计，20世纪有110个种和亚种的哺乳动物以及139种和亚种的鸟类在地球上消失了。目前，世界上已有593种鸟、400多种兽、209种两栖爬行动物和20 000多种高等植物濒于灭绝。

阅读在线

热带雨林的消失

——亚马孙热带雨林

1. 热带雨林简介

通过绿色植物的光合作用，不但能转化太阳能而形成各种各样的有机物(森林每年提供28.3亿吨有机物，占陆地植物生产有机物总产量53亿吨的53.4%)，而且靠光合作用吸收大量的二氧化碳和放出氧气，维系了大气中二氧化碳和氧气的平衡，净化了环境，使人类不断地获得新鲜空气。因此，人们也形象地说，“热带雨林是地球之肺”。森林与人类的发展，与自然界的生态平衡息息相关。

2. 热带雨林的消失

有“地球之肺”之称的南美亚马孙原始森林的厄运就是又一个典型的例证。丰富的亚马孙热带雨林，蕴藏着世界木材总量的45%。自20世纪60年代起，大片大片的森林在重型拖拉机和火的征讨下开始被毁灭。仅1966—1975年就毁掉森林1 100多万公顷。无节制的砍伐已使巴西全国森林覆盖率由80%下降至40%。狂砍滥伐的恶果也显而易见，近年来，巴西降水减少，气候变得炎热干燥。可以想象，如果任其下去，谁能保证几十年后的亚马孙地区，不会变成一个大沙漠呢?

3. 热带雨林逐渐消失的原因

3.1 森林砍伐

20世纪，巴西迅速增长的人口定居在亚马孙热带雨林的各主要地区。居民伐林取木或开辟牧场及农田，致使雨林急遽减少。90年代，巴西政府及各国际组织开始致力于保护部分雨林免遭人们侵占、开辟和毁坏。

亚马孙热带雨林作为世界上最大的雨林，具有相当重要的生态学意义，它的生物量足以吸收大量的二氧化碳，近年来保护亚马孙热带雨林已经成为一个重要的论题了，亚马孙热带雨林依靠亚马孙河流域非常湿润的气候，亚马孙河和她的100多个支流缓慢地流过这片高差非常小的平原，河岸旁的巴西城市马瑙斯距离大西洋有1600公里，但海拔只有44米。一些环境学家提出保护雨林不单只有生物学上的动机，亦有其经济动机。若以可持续方式耕作水果、橡胶及木材，每 1 公顷的秘鲁亚马孙雨林价值约 6 820 美元；若以非持续性方式耕作商业木材，则值约为 1 000 美元；若将林地改作牧草场，则只值 148 美元，但这个假设被广泛地质疑。

巴西空军一直以来利用巴西航空工业公司(Embraer)R-99 监察机监测亚马孙雨林，此为 SIVAM 计划的一部分。于 2004 年 7 月的一个会议上，科学家警告雨林将不能够维持以往每年吸收百万吨计的温室气体，原因是雨林遭破坏的速度正在加剧。单单于 2003 年，已有 9 169 平方英里的雨林被砍伐了。

单单在巴西，超过 90 个原住民部族于 20 世纪的前 10 年被殖民主义者摧毁，数百年来累积对雨林物种医学价值的知识亦随之散失。由于森林持续被砍伐破坏及生态灭绝，本土的部族不断地消失。

3.2 洪水泛滥

亚马孙河季节性的降雨使亚马孙河和其支流经常泛滥，在雨季河道平均深达 40 米，宽展到平均 38 公里，从 11 月份开始涨水，直到第二年 6 月份，然后回落到 10 月份。其支流内格罗河水的涨落和干流还不在同一时间，雨季是从 2 月或 3 月开始，涨到 6 月开始和干流一起回落。另一个支流马代腊河的涨落要比干流提前两个月。

在雨季里，亚马孙河淹没了几十万平方公里，洪水深度在有些地方比旱季水位最低时高出 14 到 15 米，在伊基托斯附近高出 6 米，在泰弗附近是 15 米，在奥比多斯附近是 11 米，在帕腊河是 4 米。

3.3 气候转变

有证据显示亚马孙雨林的植被在过去 210 000 年，经历末次盛冰期（last glacial maximum，LGM）及冰蚀期（deglaciation），出现了重大的变化。

分析过亚马孙盆地古湖（paleolake）及冲积扇中的沉淀物，显示出盆地在末次盛冰期的降雨量比现在少，这几乎可以肯定是盆地潮湿的热带植减少所造成。对于当时植被减少的程度，科学家有不同的争论。有的科学家认为雨林萎缩至细小及分离的物种遗区（refugium），被空旷的森林及草原分隔着；有的科学则认为雨林依然完整，只是北部、东部及南部没有伸延至如现在的这么远。这个争论实难以解决，原因是雨林研究工作实际上的限制，意味着数据取样可能与中央的亚马孙盆地出现偏差。以上两个的见解，都有合理的数据支持。电脑模拟预测未来因温室气体排放所造成的气候变化，显示在降雨量严重减少及温度上升的情况下，亚马孙雨林可能无法维持，导致盆地上的雨林于 2100 年后几乎完全消失。但是，不同的亚马孙盆地气候模型得出不同的降雨量估计结果，由轻微上升至严重下跌的结果都有。结果指示出雨林在 21 世纪可能受到气候转变及去森林化的危害。

3.4 干旱影响

2005 年，亚马孙经历了 100 年来最严重的干旱。2006 年 7 月 23 日，英国《独立报》网站报道，林洞研究中心（Woods Hole Research Center）总结指出，由于大量砍伐森林，导致亚马孙干旱，迅速将整个地区推向一个“引爆点”（原文：“tipping point”），届时雨林将无可挽回地开始死亡。森林已站在沙漠化的边缘，将对全球气候带来灾难性影响。

3.5 全球暖化

环境学家所忧虑到的不单是森林遭破坏后对生物多样性的损害，更忧虑到森林遭破坏后植物所释出的碳元素可能会加速全球暖化。

亚马孙雨林的常绿森林占全球陆地主要碳元素产量的 10% 及生态系统碳元素储存量的 10%——约为 1.1×10^{11} 吨碳元素。于 1975 年至 1996 年间，亚马孙雨林每 1 公顷面积每 1 年估计积存 0.62 吨 ±0.37 吨碳元素。因火灾而对亚马孙雨林造成的去森林化，使巴西成为温室气体排放量最高的地方之一。巴西每年排放约 3 亿吨二氧化碳，当中 2 亿吨来自砍伐及焚烧亚马孙雨林。

4. 应对措施和前景

热带雨林减少主要是由于烧荒耕作、过度砍伐、过度放牧和森林火灾造成的，一次次的自然灾害和当前世界面临的严峻生态危机惊醒了无知的人们，各国开始关注亚马孙热带雨林，并针对热带雨林的危机提出了一系列的应对措施，其中可行性较强的方案是：“碳交易市场”和建立健全的政府监督机制。

4.1 碳交易拯救危机中的亚马孙

2011 年，美国《科学》杂志提出，全球碳市场在保护亚马孙热带雨林方面可以扮演关键角色，完善的以碳市场为金融支撑的计划可以避免亚马孙面临糟糕的结果，同时为当地居民带来经济效益。碳交易这个提议起源于 2008 年召开的联合国气候变化会议，会议提出，富裕国家不能或不愿意减少他们的二氧化碳排放量，他们可以从发展中国家那里购买。在巴西，大量砍伐热带雨林很大部分原因是为了创造经济收入。如今，交易买卖只允许在重新造林上使用，如果全球碳交易能够在亚马孙热带雨林的保护上实施，此举必然能大幅度地减慢热带雨林的毁坏。如今在碳市场，以 2011 年世界碳交易的价格来算，减缓雨林退化速度的 10% 就能产生 22 亿美元到 135 亿美元的经济收入，这部分资金能够继续用于国家环保，保护和修复热带雨林，创造出良好的循环环境。此方案不仅能有效地保护亚马孙热带雨林，并可以提高当地保护雨林的积极性，形成长远稳定的保护效应。

4.2 以健全的政府机制保护热带雨林

自 20 个世纪 80 年代以来，巴西政府在先后颁布的多项关于环境保护的法律中明确指出，国际发展规划中要对自然环境遗产进行妥善保护，以保证、改善和提高人们的生活质量及环境质量，造福子孙万代。2011年，巴西亚马孙研究所提出了“REED机制”，其中REED是英文“减少砍伐森林和森林退化导致的温室气体排放”的缩写。REED机制体现了巴西政府保护亚马孙热带雨林的决心，并且在哥本哈根全球气候变化会议上引起了各国政府的重视。减少雨林的砍伐可以极大程度地减少对亚马孙雨林的破坏，在各国政府的健全机制的监督下，亚马孙热带雨林的破坏将极大程度的得到控制。亚马孙地区的各国政府应该建立环境意外事件的应急系统。森林火灾一直以来都是热带雨林的杀手，建立健全的意外事件处理机制能把事故消灭在萌芽状态，一旦发生火灾事故，应全力救援，把事故对环境的影响控制在最小限度内。同时政府应当建立健全的宣传机制，使亚马孙地区居民掌握应对危机的措施和方法，形成良好的保护机制。

只要当前各国政府认真采取一系列措施并加强对亚马孙热带雨林的保护，这片古老的森林的危机将逐步解除。亚马孙热带雨林是人类的财富，它为人类提供了赖以生存的生态环境，在将来积极的保护下，亚马孙热带雨林必然将成为人类生存的保护神。

书写练习

请在下面的格子里书写“迟日江山丽，春风花草香。泥融飞燕子，沙暖睡鸳鸯。”

子任务三　学会表达交流——赞美

一　学习引导

中国每100位头脑出众，业务过硬的人士中，就有67位因人际关系不畅而在事业中严重受挫，难以获得成功。他们共同的心理障碍是：难以启齿赞美别人！

东京国民素质研究会曾指出日本战后迅速发展的原因：“我们日本国民的一大优点是，对外人不停地说好话。可以说，善于发现别人的长处，善于赞美别人是日本走向世界的一个重要原因。”

推销之神原一平，少年时代是人人厌恶的“小太保”，27岁进入明治保险公司做一名见习推销员，穷得连午餐都吃不起。从36岁开始连续15年保持全国保险推销业绩冠军，成为亿万富翁。原一平说：“推销的秘诀在于研究人性，研究人性的关键在于了解人的需要，我发现对赞美的渴望是每个人最持久、最深层的需要。”

美国第四十任总统罗纳德·里根，出身贫民家庭，当过水上救生员和电影演员，被认为是平民总统，是美国历史上杰出的总统之一。里根在78岁生日宴会上接受英国记者采访时说："在我14岁的时候，我的母亲对我说，千万别忘了发现别人的长处，多说别人的好话，从此以后，我牢记这些话，甚至在梦中也不忘赞美别人，可以说是我的母亲塑造了我的一生。"

案例分享

元旦联欢会上，张军唱了一首《青花瓷》，唱得虽然很投入，但明显跑了调。同学们都鼓掌表示鼓励。王华和李梅对张军进行了赞美。

王华对张军说："张军，你唱得太棒了，你真是个音乐奇才呀！"

李梅对张军说："张军，你唱得认真又投入，你是好样的！"

思考与讨论：

1. 为什么我们在生活中需要赞美？
2. 阿谀奉承与赞美有何区别？
3. 你会赞美别人吗？
4. 请问你更欣赏哪一种赞美？为什么？

二 学习情景

人类行为学家约翰•杜威曾说："人类本质里最深远的驱策力就是希望具有重要性，希望被赞美。"我们每个人都渴望得到他人的尊重，都渴望得到别人的认可，适当地赞美身边的人，不仅为自己赢得了友谊，同时也使自己的人格得到进一步的升华。懂得赞美别人是一个人最大的美德。善于欣赏、赞美他人的人，往往使他人感到很可亲也很有魅力，这是心灵与心灵之间的双向反应。用心去挖掘和赞美他人的"得意之作"，便能够使你在平地里硬是筑起一座人缘大厦。懂得用一双眼睛去发现家乡的美丽之处，并且适时向他人赞美自己的家乡，时时激起对家乡的热爱，便能够不断地提高自己的情商。

三 学习任务

任 务 书

1. 任务名称：学会赞美。

2. 学习目标：

（1）通过学习，学会发现他人的长处，发现家乡的美丽，在不同的情境下对他人家乡进行赞美。

（2）能够熟练运用赞美这种表达方式应对现在的学习及将来的工作，增强沟通表达能力，提升自己的个人魅力。

（3）通过赞美，增强与同学间、同事间的情谊以及对家乡的热爱。

3. 任务描述：在本次任务中，我们将完成赞美他人以及赞美家乡的学习任务，熟练于在各种情景下对不同人和景进行赞美，给他人留下良好的印象。

4. 任务要求：

（1）在教师指导下，学习赞美的技巧。

（2）能根据不同情境的需要赞美他人及家乡。

（3）在教师指导下，能熟练运用赞美这种表达方式，完成赞美他人及家乡的任务。

1. 一般我们会在什么样的场合下进行赞美？

2. 赞美他人或者自己的家乡会让我们收到哪些不一样的效果呢？

3. 赞美他人及家乡有什么样的技巧呢？

4. 你会赞美他人及家乡吗？

赞美的四大原则

第一，因人而异

世界上没有两片完全一样的树叶，也没有完全相同的两个人。所以，因人而异，突出个性，有特点的赞美往往要比一般化的赞美能收到更好的效果。

第二，情真意切

并非任何赞美都能使听者高兴。只有那些基于事实、发自内心的赞美，才能让对方受用。要赞美对方就一定要出于真诚，因为这不但会使被赞美者产生心理上的愉悦，还可以使你经常发现别人的优点，从而使自己对人生持有乐观、欣赏的态度。

第三，具体翔实

在社会上，能够取得非常显著成绩的人并不多。因此，在交往中应从具体事件入手，善于发现别人哪怕是最微小的长处，并不失时机地予以赞美。赞美用语越翔实具体，说明你对对方越了解，对他的长处和成绩越看重。用具体的赞美让对方感到你的真挚，亲切和可信。

第四，合乎时宜

赞美的效果在于见机行事、适可而止，真正做到“美酒饮到微醉后，好花开到半开时”。当别人下决心做一件有意义的事时，开头的赞扬能激励他做出成绩，中间赞扬有益于对方再接再厉，结尾的赞扬则可以肯定成绩，指出其进一步努力的方向，从而达到整体赞美的最大效果。

赞美的八个技巧

技巧一：赞美要具体化

赞扬要依据其具体的事实进行评价，除了用一般性的夸奖语言，如“你很棒”“你表现得很好”“你不错”等等，最好还要加上具体事实的评价。例如，你可以这样赞美：“你文章写得可真好！角度新颖，人物刻画入木三分，文字读起来特别有快感，内容结构逻辑严谨……”赞美用语越翔实具体，说明你对对方越了解，对他越看重。当对方感受到了你的真挚，亲切和可信后，你们之间的心理距离将越来越近。

技巧二：赞美要差异化

人的素质有高低之分，年龄有长幼之别，优点也各有不同，因此赞美一定要差异化。对年长者，要在他的健康、阅历、经验、成就上做文章；对年轻人，可在他的事业、精力、仪表、风度上找话题；对初见者，可从他的表现和直观的外表谈起……总之，每个人都有自己独特的、值得去赞美的亮点，只要你认真挖掘，总能找到对方的闪光之处。

技巧三：赞美要似否定实肯定

有时候，使用表面上否定对方、实际上肯定和赞美对方的方法，会比一般的赞美效果更好。

技巧四：赞美他人得意的地方

到位的赞美建立在细致的观察和由衷的欣赏之上，所以赞美对方一定要赞美对方的长处。只有你学会赞美对方最为得意和自认为值得“炫耀”的事情，对方才会对你产生好感。

技巧五：对比赞美有时效果更好

所谓对比赞美，就是贬低自己抬高别人。通常情况下，一般人是很难贬低自己，如果你一旦压低自己同他人做比较，那么就会显得格外真诚。

技巧六：投其所好

投其所好就是谈对方感兴趣的事情。志趣与爱好相近的人拥有更多的共同语言，也就更容易沟通。

技巧七：赞美相关的人和事

有时候，赞美与对方相关的人或事，能收到比赞美他本人更好的效果。例如，赞美一位母亲时，你可以夸奖她的孩子聪明伶俐；赞美一位男记者时，你可以称赞他的妻子漂亮贤惠。

技巧八：赞美的注意事项：

第一，要真实，语调要生动、真诚、发自内心。在赞美他人的过程中， 要赞美其真实的地方，不能用讽刺的口气或阴阳怪调去赞美。

第二，眼睛要注意对方大三角区，不可左顾右盼，眼神游离。

第三，用白话，不要用书面语。

第四，要有创意，赞美别人赞美不到的地方。

四 任务实施

请按照要求实施如下任务：

1. 请对你班级中所熟悉的同学进行赞美。

2. 请你向班级同学们介绍和赞美你的家乡。

3. 某高级技工学校毕业生李民分配到贵州高速公路公司都匀分中心工作。在上班之前参加了公司组织的岗前培训，面对来自不同学校的同事，李民既想与他们相互认识，培养起良好的友谊，又想在今后的工作中能够顺利地向他们学习更多的知识。请以李民的身份去发现他人的长处，赞美他人，赢得与他人良好的沟通基础。

案例分享

案例一

卡耐基 9 岁时，父亲把继母娶进家门。当时他和父亲还是居住在乡下的贫苦人家，而继母则来自富有的家庭。

父亲向继母介绍卡耐基：“亲爱的，希望你注意这个全郡最坏的男孩，他已经让我无可奈何。说不定明天早晨以前，他就会拿石头扔你，或者做出你完全想不到的坏事。”

继母微笑着走到卡耐基面前，托起他的头认真地看着，然后说：“你错了，他不是全郡最坏的男孩，是全郡最聪明最有创造力的男孩。”以前，没有一个人称赞过卡耐基。

就是这句话，卡耐基和继母建立了友谊；也就是这句话，激励着卡耐基的一生，使他日后创造了成功的 28 项黄金法则，帮助千千万万的普通人走上成功和致富的道路。

来自继母的这股力量，激发了卡耐基的想象力，激励了他的创造力，帮助他和无穷的智慧发生联系，使他成为美国的富豪和著名作家，成为 20 世纪最有影响的人物之一。

案例二

卡耐基讲过这样一个故事：有一次，卡耐基到邮局去寄一封挂号信，人很多。卡耐基发现那位管挂号的职员对自己的工作已经很不耐烦，可能是他今天碰到了什么不愉快的事情，也许是年复一年地干着单调重复的工作，早就烦了。因此，卡耐基对自己说：“我必须说一些令他高兴的话。他有什么真的值得我欣赏的吗？”稍加用心，卡耐基立即就在他身上看到了值得欣赏的一点。因此，当他在接待卡耐基的时候，卡耐基很热诚地说：“我真的很希望有您这种头发。”他抬起头，有点惊讶，面带微笑。“嘿，不像以前那么好看了，”他谦虚地回答。卡耐基对他说，虽然你的头发失去了一点原有的光泽，但仍然很好看。他高兴极了。双方愉快地谈了起来，而他说的最后一句话是：“相当多的人称赞过我的头发。”卡耐基说，我敢打赌，这位仁兄当天回家的路上一定会哼着小调；我敢打赌，他回家以后，一定会跟他的太太提到这件事；我敢打赌，他一定会对着镜子说：“这的确是一头美丽的头发。”想到这些，我也非常高兴。

案例三

一个穷困潦倒的青年流浪到巴黎，期望父亲的朋友能帮自己找一份工作。

“精通数学吗？”那人问。

青年羞涩地摇头。

“历史地理怎么样？”

青年不好意思地摇头。

“那法律呢？”

父亲的朋友连连问话，青年只能摇头。

“那你先把自己的住址写下来吧，我总得帮你找份工作呀！”

青年惭愧地写下了自己的住址，急忙转身要走，却被父亲的朋友拉住：“青年人，你的名字写得很漂亮嘛，这就是你的优点啊！”

“把名字写好也是一个优点？”青年在对方眼里看到了肯定的答案。“能把名字写好，就能把字写得叫人称赞，就能把文章写好！”受到鼓励的青年，一点点的放大自己的优点，兴奋的脚步都轻松起来了。

数年后，青年果然写出了享誉世界的经典作品，他就是家喻户晓的法国著名作家大仲马。

教学内容

人际交往中赞美的注意事项

（1）真诚适度赞美；

（2）把注意力放在别人的优点上；

（3）交浅不言深，只有赞美没有建议；

（4）针对不同的人应有不同的方式；

（5）不要让对方有明显的感觉；

（6）不要太生硬；

（7）要有自信。

在人际交往中赞美需要注意以下几点：

（1）赞美不能刻意为之，而应该逐渐成为一种习惯；

（2）在生活中多尝试用积极的目光看待别人，拥有一份乐观向上的心情，与人为善；

（3）要坦然地欣赏他人的优点和成绩，要有敢于发现自己不足的勇气和勇于改进的自信；

（4）赞美他人要目光远大，要用长远的眼光去审视你所要赞美的人和事；

（5）要诚挚地去赞美他人，首先必须要有宽广的胸怀，这样才能慷慨地让别人分享自己的快乐。

赞美在沟通中的影响

第一，有利于下一步工作。

只有让你和周围的事物彼此有了更好的了解才有利于下一步的工作开展。很多社会活动家都认为，艺术的赞美无疑可以拉近你和别人的关系，从而为下一步工作创造好的氛围，能有效地缩短人与人之间的心理距离。马斯洛的需求层次理论也指出，人在温饱之后，最希望得到的就是“自我实现”。可见，喜欢被赞美是人的天性。听到别人赞扬自己的优点，人们就会觉得自身价值得到了肯定。

第二，有利于制订更高目标。

只有在交流没有障碍的前提下进行的目标制订工作才有可能完成。不少人对于赞美的意义不是很了解，尤其在正常的人际交往中，温馨的赞美是比较重要的一点。我们会试图把自己塑造成具有某种优点的人，并且，这种塑造有心理强化作用，会不断鼓励自己向着某个好的方向发展，真正具备人们口中的某些优点。正是在这种自我塑造的过程中，我们产生了一种不断前行的力量。赞美他人，是很普通的事情。

第三，有利于客观地看到他人优点。

对他人的足够了解无疑有利于彼此的沟通，恰到好处的赞美无疑是很重要的。事实上，我们每个人都希望自己的工作或所取得的成果受到别人的赞美。不要总盯着对方缺点看，要善于发现对方的长处，观察他最得意的方面，如穿衣品味、爱好兴趣、工作态度、办事效率，甚至他那让人羡慕的健康等等，哪怕是不经意的一句话，都能表明你对他人的关心。称赞他人自然会让对方感到心里愉悦，而同时你也会感到幸福，这双赢的事情何乐而不为呢？

毫无疑问，沟通是解决一切问题的最佳手段。掌握一定的沟通技巧很有帮助。我们看到那些会在人际交往中赞美他人的朋友在沟通方面做得更好，这就是为何在沟通时应适当加入赞美的主要原因了。

课后作业

小时候，父母总是不遗余力地赞美我们，让我们总以为自己是最优秀、最棒的孩子，殊不知，我们只是在父母心中才是最好的。上学时，老师一句不经意的表扬，总会让我们激动不已，也许还会因此爱上这门课。长大后的我们，想想是否向父母、向老师给予过最真诚、最真实的赞美？我们是否也应该潜下心、真诚地去发现父母、老师们最闪耀的亮点，给予一声最真诚的赞美？请同学们拿起手机向远方的父母送过去一句赞美，或者向你们喜爱的老师们送上一份赞美。

书写练习

请在下面的格子里书写“欣赏别人，更是一种气度、一种发现、一种理解、一种智慧、一种境界。”

任务三 直面人生

本任务主题描述

人生是一张白纸，当梦想为她披上五颜六色的新装时，人生就充满了活力。也有人说，人生就像一座山，重要的不是她的高低，而在于灵秀。而正确的人生观、价值观、世界观体现的正是这座“山”的灵秀。本单元围绕“人生”这个主题为大家准备了一场丰盛的宴席，那么我们就一起来品味这多滋多味的“人生盛宴”吧！

阅读欣赏任务选编了有关“直面人生”话题的文章《我有一个梦想》、《项链》。

表达交流任务的学习内容是“演讲”，紧扣主题，锻炼学生的逻辑思考和分析表达能力。

本任务知识目标

1．整体感知课文，了解课文大意。

2．把握课文感情基调，感悟课文中心思想。

3．理解“演讲”的技巧。

本任务能力目标

1．能概括文章大意，体会作者所表达的情感。

2．能选取典型材料，概括人物的性格特征。

3．能用语言、动作、神态、心理、细节等描写方法刻画人物形象。

4．能对文章中感受最深的词语、语句进行品味。

5．能根据确定的主题进行“演讲”。

本任务情感目标

1．树立正确的人生观、价值观、世界观。

2．学会抒发自己的情感。

3．学会从不同的角度看待问题。

4．学做一个有理想的人。

子任务一 学会阅读欣赏——《我有一个梦想》

我有一个梦想

马丁·路德·金

有的放矢

1．积累词语，品味语言的深层含义和表达作用，提高理解能力。

2．在反复诵读中体会比喻、排比等修辞手法的运用；体会全文激情飞扬、极富感召力的语言特点及演讲思路的逻辑性。

3．感悟马丁·路德·金的那种生命不息、为人民请命不止的崇高献身精神。

阅读导航

《我有一个梦想》（I have a dream）是马丁·路德·金于1963年8月28日在华盛顿林肯纪念堂发表的著名演讲，内容主要关于民族平等。

这篇演讲词也是中外演讲史上文采斐然的篇章之一。作者运用多种修辞手法，几乎每一段都有大量形象的比喻，如用“灯塔”和“黎明”来比喻林肯签署的《解放黑人奴隶宣言》，用“物质充裕的海洋中一个穷困的孤岛”和“故土家园中的流亡者”等来比喻黑人的处境，生动地描绘出美国黑人的生存现状和他们内心的渴望，用“空头支票”等形象地表现出了政府许诺和现实之间的距离。文中华丽的词句，典雅的语言，为演讲锦上添花。文中还大量运用了排比、呼告和反复等修辞手法，使作者的思想表达得更充分、更鲜明，有着排山倒海的气势，增强了作品的感染力和表达效果。

作者饱含深情的演讲，把梦幻、心曲和圣歌联系起来，使演讲如交响乐一般在听众中回荡，使听众的情绪受到感染并得以升华，产生了极强的号召力，而这正是演讲成功的必要条件。

阅读原文

一百年前，一位伟大的美国人——今天我们就站在他象征性的身影下——签署了《解放黑人奴隶宣言》。这项重要法令的颁布，对于千百万灼烤于非正义残焰中的黑人奴隶，犹如带来希望之光的硕大灯塔，恰似结束漫漫长夜禁锢的欢畅黎明。

然而一百年后的今天，我们必须正视黑人还没有得到自由这一悲惨的事实。一百

年后的今天，在种族隔离的镣铐和种族歧视的枷锁下，黑人的生活备受压榨。一百年后的今天，黑人仍生活在物质充裕的海洋中一个穷困的孤岛上。一百年后的今天，黑人仍然蜷缩在美国社会的角落里，并且意识到自己是故土家园中的流亡者。今天我们在这里集会，就是要把这种骇人听闻的情况公诸世人。

就某种意义而言，今天我们是为了要求兑现诺言而汇集到我们国家的首都来的。我们共和国的缔造者草拟宪法和独立宣言的气壮山河的词句时，曾向每一个美国人许下了诺言，他们承诺所有人——不论白人还是黑人——都享有不可让渡的生存权、自由权和追求幸福权。

就有色公民而论，美国显然没有实践她的诺言。美国没有履行这项神圣的义务，只是给黑人开了一张空头支票，支票上盖着“资金不足”的戳子后便退了回来。但是我们不相信正义的银行已经破产，我们不相信，在这个国家巨大的机会之库里已没有足够的储备。因此今天我们要求将支票兑现——这张支票将给予我们宝贵的自由和正义保障。

我们来到这个圣地也是为了提醒美国，现在是非常急迫的时刻。现在绝非奢谈冷静下来或服用渐进主义的镇静剂的时候。现在是实现民主诺言的时候。现在是从种族隔离的荒凉阴暗的深谷攀登种族平等的光明大道的时候，现在是向上帝所有的儿女开放机会之门的时候，现在是把我们的国家从种族不平等的流沙中拯救出来，置于兄弟情谊的磐石上的时候。

如果美国忽视时间的迫切性和低估黑人的决心，那么，这对美国来说，将是致命伤。自由和平等的爽朗秋天如不到来，黑人义愤填膺的酷暑就不会过去。1963 年并不意味着斗争的结束，而是开始。有人希望，黑人只要撒撒气就会满足；如果国家安之若素，毫无反应，这些人必会大失所望的。黑人得不到公民的基本权利，美国就不可能有安宁或平静，正义的光明的一天不到来，叛乱的旋风就将继续动摇这个国家的基础。

但是对于等候在正义之宫门口的心急如焚的人们，有些话我是必须说的。在争取合法地位的过程中，我们不要采取错误的做法。我们不要为了满足对自由的渴望而抱着敌对和仇恨之杯痛饮。我们斗争时必须永远举止得体，纪律严明。我们不能容许我们的具有崭新内容的抗议蜕变为暴力行动。我们要不断地升华到以精神力量对付物质力量的崇高境界中去。

现在黑人社会充满着了不起的新的战斗精神，但是不能因此而不信任所有的白人。

因为我们的许多白人兄弟已经认识到，他们的命运与我们的命运是紧密相连的，他们今天参加游行集会就是明证。他们的自由与我们的自由是息息相关的。我们不能单独行动。

当我们行动时，我们必须保证向前进。我们不能倒退。现在有人问热心民权运动的人，“你们什么时候才能满足？”

只要黑人仍然遭受警察难以形容的野蛮迫害，我们就绝不会满足。

只要我们在外奔波而疲乏的身躯不能在公路旁的汽车旅馆和城里的旅馆找到住宿之所，我们就绝不会满足。

只要黑人的基本活动范围只是从少数民族聚居的小贫民区转移到大贫民区，我们就绝不会满足。

只要我们的孩子被“仅限白人”的标语剥夺自我和尊严，我们就绝不会满足。

只要密西西比州仍然有一个黑人不能参加选举，只要纽约有一个黑人认为他投票无济于事，我们就绝不会满足。

不！我们现在并不满足，我们将来也不满足，除非正义和公正犹如江海之波涛，汹涌澎湃，滚滚而来。

我并非没有注意到，参加今天集会的人中，有些受尽苦难和折磨，有些刚刚走出窄小的牢房，有些由于寻求自由，曾在居住地惨遭疯狂迫害的打击，并在警察暴行的旋风中摇摇欲坠。你们是人为痛苦的长期受难者。坚持下去吧，要坚决相信，忍受不应得的痛苦是一种赎罪。

让我们回到密西西比去，回到亚拉巴马去，回到南卡罗来纳去，回到佐治亚去，回到路易斯安那去，回到我们北方城市中的贫民区和少数民族居住区去，要心中有数，这种状况是能够也必将改变的。

我们不要陷入绝望而不可自拔。朋友们，今天我对你们说，在此时此刻，我们虽然遭受种种困难和挫折，我仍然有一个梦想，这个梦想深深扎根于美国的梦想之中。

我梦想有一天，这个国家会站立起来，真正实现其信条的真谛：“我们认为真理是不言而喻，人人生而平等。”

我梦想有一天，在佐治亚的红山上，昔日奴隶的儿子将能够和昔日奴隶主的儿子坐在一起，共叙兄弟情谊。

我梦想有一天，甚至连密西西比州这个正义匿迹，压迫成风，如同沙漠般的地方，也将变成自由和正义的绿洲。

我梦想有一天，我的四个孩子将在一个不是以他们的肤色，而是以他们的品格优劣来评价他们的国度里生活。

今天，我有一个梦想。我梦想有一天，亚拉巴马州能够有所转变，尽管该州州长现在仍然满口异议，反对联邦法令，但有朝一日，那里的黑人男孩和女孩将能与白人男孩和女孩情同骨肉，携手并进。

今天，我有一个梦想。

我梦想有一天，幽谷上升，高山下降；坎坷曲折之路成坦途，圣光披露，满照人间。

这就是我们的希望。我怀着这种信念回到南方。有了这个信念，我们将能从绝望之岭劈出一块希望之石。有了这个信念，我们将能把这个国家刺耳的争吵声，改变成为一支洋溢手足之情的优美交响曲。

有了这个信念，我们将能一起工作，一起祈祷，一起斗争，一起坐牢，一起维护自由；因为我们知道，终有一天，我们是会自由的。

在自由到来的那一天，上帝的所有儿女们将以新的含义高唱这支歌："我的祖国，美丽的自由之乡，我为您歌唱。您是父辈逝去的地方，您是最初移民的骄傲，让自由之声响彻每个山岗。"

如果美国要成为一个伟大的国家，这个梦想必须实现！

让自由之声从新罕布什尔州的巍峨的崇山峻岭响起来！

让自由之声从纽约州的崇山峻岭响起来！

让自由之声从宾夕法尼亚州的阿勒格尼山响起来！

让自由之声从科罗拉多州冰雪覆盖的落基山响起来！

让自由之声从加利福尼亚州蜿蜒的群峰响起来！

不仅如此，还要让自由之声从佐治亚州的石岭响起来！

让自由之声从田纳西州的瞭望山响起来！

让自由之声从密西西比的每一座丘陵响起来！

让自由之声从每一片山坡响起来！

当我们让自由之声响起，让自由之声从每一个大小村庄、每一个州和每一个城市响起来时，我们将能够加速这一天的到来，那时，上帝的所有儿女，黑人和白人，犹太教徒和非犹太教徒，耶稣教徒和天主教徒，都将手携手，合唱一首古老的黑人灵歌：

"自由啦！自由啦！感谢全能上帝，我们终于自由啦！"

小试牛刀

1. "我有一个梦想"中的"梦想"包含哪些内容？试用自己的话加以概括。

2. "我"为什么有这样一个"梦想"？

3．“我”怎样实现这个“梦想”？

4．演讲词在内容和语言上有哪些特点？本篇演讲词主要运用了哪些修辞手法？

5．作为一篇出色的演讲词，它的鼓动性和感染力是怎样体现出来的？文中哪些语段最打动你？挑出来仔细品味，并与大家分享。

世界人民共同的梦想

《我有一个梦想》，这样震撼人心、激励斗志、充分论理、洋溢热情、信念坚定、逻辑严密的演讲很少见，不论从思想性和艺术性上都可称得上是极品。

他的演讲，揭露问题一针见血，毫不隐晦，明明白白。你看：“一百年后的今天，在种族隔离的镣铐和种族歧视的枷锁下，黑人的生活备受压榨。一百年后的今天，黑人仍生活在物质充裕的海洋中一个穷困的孤岛上。一百年后的今天，黑人仍然畏缩在美国社会的角落里，并且意识到自己是故土家园中的流亡者。”

他的演讲，提出斗争的目的十分的清楚和坚定。他说：“现在有人问热心民权运动的人，‘你们什么时候才能满足？’”

他的演讲，对前途充满激情和希望。他说：“如果美国要成为一个伟大的国家，这个梦想必须实现。让自由之声从新罕布什尔州的巍峨峰巅响起来！让自由之声从纽约州的崇山峻岭响起来！让自由之声从宾夕法尼亚州阿勒格尼山的顶峰响起来！”

我认为马丁·路德·金的梦想不只是美国黑人的梦想，实际也是世界人民共同的梦想。他不愧获得诺贝尔和平奖，他不应该只属于美国人民，他应该属于世界人民。

为梦想振翅飞翔

马丁·路德·金的《我有一个梦想》这篇演讲稿可称得上是我见过的写得最好的一篇演讲稿，在这里，我感受到马丁·路德·金是一个充满了正义的人，他希望他的国家能振兴起来，希望黑人不再被白人所压迫，希望白人能与黑人和睦相处，希望大家在生活的时候不再用自己皮肤的差异来判定自己的高贵与卑贱。这篇演讲词让我想到了很多。这是一个绽放梦想的时代，每个人都是梦想家，要想美梦成真，必须脚踏实地，要百折不挠，锲而不舍，坚持成就梦想！让梦想带领我们前行，照亮我们的人生。

有梦想就能飞翔。

从天宫第一号说到神一发射时，王亚平还是坐在电视机前观看直播的普普通通的山东姑娘，而14年过去，当神十发射时，她已经在太空中翱翔。飞天梦并不遥远，只要你敢去做梦，敢去追梦，敢去承受这份梦想背后的坚持，它就可能在每一个心怀梦想的年轻人身上实现。谁敢说，在座的孩子中，不会出现下一个飞向太空，甚至在月球漫步的人呢？王亚平最后动情地告诉孩子们："梦想就像宇宙中的星辰，看似遥不可及，但只要努力，一定能够触摸得到！"

有青春就有梦想。

音乐对于郎朗，是值得用全部热情和渴望去追求的事情。虽然他的工作日程已经排到了两年后，但在每个夏天他还是会把自己藏起来，离开城市，找一个环境好的地方安心练琴。他欣赏全面的演员，他也努力着成为一个自己心目中全面的钢琴家，没有边界的限制，像一个对各种角色驾轻就熟的演员一样，雕刻好自己的每一次演出。

梦想需要坚持。

她是一名普通的舞蹈老师，曾有一份热爱的工作和一个美满的家庭。一场大地震，夺去了她深爱的女儿和跳舞的双腿，她经受了一般人不能承受的挫折，却重新站上人生精彩的舞台。她是廖智，在地震中失去双腿却依然坚强起舞的"最美舞者"，廖智老师讲述了自己对梦想的坚持。她在地震中失去了孩子和双腿，痛苦不已，却为了重新起舞，忍耐身心疼痛、十天学会戴假肢站立行走，一个月后重新开始跳舞。"一旦发现你不再恐惧害怕，困难也不是那么难以战胜。""虽然伴随着疼痛，但我想跳出更美的舞蹈，我会带着梦想和生活的希望，努力勇敢地生活下去。愿你们也能在遇到困难的时候，坚持不放弃地朝前走，笑着朝前走。我行，你们也一定行！"廖智在演讲中带着泪水的美丽微笑，感染和鼓舞了在场的孩子们和观众。

马丁·路德·金的梦想不只是美国黑人的梦想，同样也是全世界广大人民的梦想。

阅读在线

寻找梦想

武晓秋

曾经，
有一个小小的愿望。
后来，
变成随风飘摇的梦想。
在懵懂中，
梦想早已飘远。
在茫然中，
我迷失了人生方向。
在执着中，
曾为伊消得人憔悴。
可忘却了那指引路灯的人。
终于，
在时间的冲刷中，
顿悟，生活告诉我，
去寻找丢失的梦想。
于是，
我寻寻觅觅，
看见远处它向我招手。
那是通向梦想的路。
那是我与少年相聚的路口。
只是这条路充满荆棘。
但生活说，
没有残酷，便没有勇气。
庆幸的是，
千百次的追寻，
终于眺望到它。
从此，
便只顾风雨兼程。

书写练习

请在下面的格子里书写“世界上最快乐的事，莫过于为理想而奋斗。”

子任务二 学会阅读欣赏——《项链》

项 链

莫泊桑

有的放矢

1. 体会小说精心的构思和巧妙的布局。
2. 理解生动、细腻的刻画人物心理活动对表现人物性格所起的作用。
3. 对主人公马蒂尔德做出客观公正的评价，进而准确把握作品的深刻内涵。
4. 结合现实生活，从马蒂尔德的悲剧中，树立正确的人生观。
5. 培养辩证思维、发散思维的能力。

阅读导航

《项链》是一篇短篇小说，由法国名作家莫泊桑作于1884年。故事讲述了小公务员的妻子玛蒂尔德为参加一次晚会，向朋友借了一串钻石项链，来炫耀自己的美丽。不料，项链在回家途中不慎丢失。她只得借钱买了新项链还给朋友。为了偿还债务，她节衣缩食，为别人打短工，整整劳苦了十年。最后，得知所借的项链是一串假钻石项链。

本文以项链本身为线索，通过借项链、丢项链、还项链的线索自然地带领读者走进女主人公玛蒂尔德的生活及其内心世界，深刻领略19世纪的法国，小人物无法决定自身命运的悲剧现实。

阅读原文

世上的漂亮动人的女子，每每像是由于命运的差错似的，出生在一个小职员的家庭；我们现在要说的这一个正是这样。她没有陪嫁的资产，没有希望，没有任何方法使得一个既有钱又有地位的人认识她，了解她，爱她，娶她；到末了，她将将就就和教育部的一个小科员结了婚。

不能够讲求装饰，她是朴素的，但是不幸得像是一个降了等的女人；因为妇女们本没有阶级，没有门第之分，她们的美，她们的丰韵和她们的诱惑力就是供她们做出身和家世之用的。她们的天生的机警，出众的本能，柔顺的心灵，构成了她们唯一的等级，而且可以把民间的女子提得和最高的贵妇人一样高。

她觉得自己本是为了一切精美的和一切豪华的事物而生的，因此不住地感到痛苦。由于自己房屋的寒碜，墙壁的粗糙，家具的陈旧，衣料的庸俗，她非常难过。这一切，在另一个和她同等的妇人心上，也许是不会注意的，然而她却因此伤心，又因此懊恼，那个替她照料琐碎家务的布列塔尼省的小女佣人的样子，使她产生了种种忧苦的遗憾和胡思乱想。她梦想着那些静悄悄的接待室，如何蒙着东方的帷幕，如何点着青铜的高脚灯檠，如何派着两个身穿短裤子的高个儿侍应生听候指使，而热烘烘的空气暖炉使得两个侍应生都在大型的圈椅上打盹。她梦想那些披着古代壁衣的大客厅，那些摆着无从估价的瓷瓶的精美家具；她梦想那 些精致而且芬芳的小客厅，自己到了午后五点光景，就可以和亲切的男朋友在那儿闲谈，和那些被妇女界羡慕的并且渴望一顾的知名男子在那儿闲谈。

然而事实上，她每天吃晚饭的时候，就在那张小圆桌跟前和她的丈夫对面坐下了，桌上盖的白布要三天才换一回，丈夫把那只汤池的盖子一揭开，就用一种高兴的神气说道:“哈！好肉汤！世上没有比它更好的……”因此她又梦想那些丰盛精美的筵席了，梦想那些光辉灿烂的银器皿了，梦想那些满绣着仙境般的园林和其间的古装仕女以及古怪飞禽的壁衣了；她梦想那些用名贵的盘子盛着的佳肴美味了，梦想那些在吃着一份肉色粉红的鲈鱼或者一份松鸡翅膀的时候带着爽朗的微笑去细听的情话了。

而且她没有像样的服装，没有珠宝首饰，什么都没有。可是她偏偏只欢喜这一套，觉得自己是为了这一套而生的。她早就指望自己能够取悦于人，能够被人羡慕，能够有诱惑力而且被人追求。

她有一个有钱的女朋友，一个在教会女学里的女同学，可是现在已经不再想去看她，因为看了之后回来，她总会感到痛苦。于是她由于伤心，由于遗憾，由于失望并且由于忧虑，接连她要不料某一天傍晚，她丈夫带着得意扬扬的神气回来了，手里拿着一个大信封。

“瞧吧，”他说：“这儿有点儿东西是专门为了你的。”她赶忙拆开了信封，从里面抽了一张印着这样语句的请帖：“教育部部长若尔日·郎波诺暨夫人荣幸地邀请骆塞尔先生和骆塞尔太太参加一月十八日星期一在本部大楼举办的晚会。”

她丈夫希望她一定快活得很，谁知她竟带着伤心而且生气的样子把请帖扔到桌上，冷冰冰地说：“你叫我拿着这东西怎么办？”

“不过，亲人儿，我原以为你大概是满意的。你素来不出门，并且这是一个机会，这东西，一个好机会！我费了多少力才弄到手。大家都想要请帖，它是很难弄到手的，却又没有多少份发给同事们。将来在晚会上看得见政界的全部人物。”

她用一种暴怒的眼光瞧着他，后来她不耐烦地高声说：“你叫我身上穿着什么到那儿去？”

他以前没有想到这一层；支吾地说：“不过，你穿了去看戏的那件裙袍。我觉得它很好，我……”

瞧见他妻子流着眼泪，他不说话了，吃惊了，心里糊涂了。两大滴眼泪慢慢地从她的眼角向着口角流下来；他吃着嘴说：“你怎样了？”

但是她用一种坚强的忍耐心镇住了自己的痛苦，擦着自己那副润湿了的脸蛋儿，一面用一道宁静的声音回答：“没有什么。不过我没有衣裳，所以我不能够去赴这个晚会。你倘若有一个同事，他的妻子能够比我打扮得好些，你就把这份请帖送给他。”

他发愁了，接着说道：“这么着吧，玛蒂尔德。要花多少钱，一套像样的衣裳，以后遇着机会你还可以再穿的，简单一些的？”

她思索了好儿秒钟，确定她的盘算，并且也考虑到这个数目务必可以由她要求，不至于引起这个节俭科员的一种吃惊的叫唤和一个干脆的拒绝。

末了她迟迟疑疑地回答：“细数呢，我不晓得，不过我估计，有四百金法郎，总可以办得到。”

他的脸色有点儿发青了，因为他手里正存着这样一个数目预备去买一支枪，使得自己在今年夏天的星期日里，可以和几个打猎的朋友们到南兑尔那一带平原地方去打鸟。

然而他却回答道：“就是这样吧。我给你四百金法郎。不过你要想法子去做一套漂亮的裙袍。”

晚会的日期已经近了，骆塞尔太太好像在发愁，不放心，心里有些焦躁不安。然而她的新裙袍却办好了。她丈夫某一天傍晚问她：“你有点怎样？想想吧，这三天以来，你是很异样的。”于是她说：“没有一件首饰，没有一粒宝石，插的和戴的，一点儿也没有，这件事真教我心烦。简直太穷酸了。现在我宁可不去赴这个晚会。”

他接着说道：“你将来可以插戴几朵鲜花。在现在的时令里，那是很出色的。花十个金法郎，你可以买得到两三朵很好看的玫瑰花。”她一点也听不进去。

“不成……世上最叫人丢脸的，就是在许多有钱的女人堆里露穷相。”

但是她丈夫高声叫唤起来：“你真糊涂！去找你的朋友伏来士洁太太，问她借点首饰。你和她的交情，是可以开口的。”

她迸出了一道快活的叫唤：“这是真的。这一层我当初简直没有想过。”

第二天，她到她这位朋友家里去了，向她谈起了自己的烦闷。

伏来士洁太太向着她那座嵌着镜子的大衣柜跟前走过去，取出一个大的盒子，带过来打开向骆塞尔太太说：“你自己选吧，亲爱的。”

她最初看见许多手镯，随后一个用珍珠镶成的项圈，随后一个威尼斯款式的金十字架，镶着宝石的，做工非常精巧。她在镜子跟前试着这些首饰，迟疑不决，舍不得丢开这些东西，归还这些东西。她老问着。

“你还有没有一点什么别的？”

“有的是，你自己找吧。我不晓得哪件合得上你的意思。”她忽然在一只黑缎子做的小盒子里，发现了一串用金刚钻镶成的项链，那东西真地压得倒一切；于是她的心房因为一种奢望渐渐跳起来。她双手拿着那东西发抖，她把它压着自己裙袍的领子绕在自己的颈项上面了，对着自己在镜子里的影子出了半天的神。

后来，她带着满腔的顾虑迟疑地问道：“你能够借这东西给我吗，我只借这一件？”

“当然可以，当然可以。”

她跳起来抱着她朋友的颈项，热烈地吻了又吻，末后，她带着这件宝贝溜也似的走了。

晚会的日子到了，骆塞尔太太得到极大的成功，她比一般女宾都要漂亮，时髦，迷人，不断地微笑，并且乐得发狂。一般男宾都望着她出神，探听她的姓名，设法使人把自己引到她跟前作介绍。本部机要处的人员都想和她跳舞，部长也注意了她。

她用陶醉的姿态舞着，用兴奋的动作舞着，她沉醉在欢乐里，她满意于自己的容貌的胜利，满意于自己的成绩的光荣；满意于那一切阿谀赞叹和那场使得女性认为异常完备而且甜美的凯歌，一种幸福的祥云包围着她。所以她什么都不思虑了。

她是清晨四点钟光景离开的。她丈夫自从半夜十二点钟光景，就同着另外三位男宾在一间无人理会的小客厅里睡着了；这三位男宾的妻子也正舞得很快活。

他对她的肩头上披上了那些为了上街而带来的衣裳，家常用的俭朴的衣裳，这些东西的寒碜意味是和跳舞会里的服装的豪华气派不相称的。她感到了这一层，于是为了避免另外那些裹着珍贵皮衣的太太们注意，她竟想逃遁了。

骆塞尔牵住了她："等着吧。你到外面会受寒。我去找一辆出租的街车来吧。"

不过她绝不听从他，匆匆忙忙下了台阶儿。等到他俩走到街上竟找不着车了；于是他俩开始去寻觅，追着那些他们远远地望得见的车子。

他俩向着塞纳河的河沿走下去，两个人感到失望，浑身冷得发抖。末了，他俩在河沿上竟找着了一辆像是夜游病者一样的旧式轿车——这样的车子白天在巴黎如同感到自惭形秽，所以要到天黑以后才看得见它们。

车子把他俩送到殉教街的寓所大门外了，他俩惆怅地上了楼。在她，这算是结束了。而他呢，却想起了自己明天早上十点钟应当到部。

她在镜子跟前脱下了那些围着肩头的大氅之类，想再次端详端详无比荣耀的自己。但是陡然间她发出了一声狂叫。她已经没有那串围着颈项的金刚钻项链了！

她丈夫这时候已经脱了一半衣裳，连忙问："你怎样了？"

她发痴似地转过身来向着他："我已经……我已经……我现在找不着伏来士洁太太那串项链了。"

他张皇失措地站起来："什么！……怎样！……哪儿会有这样的事！"

于是他俩在那件裙袍的衣褶里，大氅的衣褶里，口袋里，都寻了一个遍。到处都找不到它。

他问道："你能够保证离开舞会的时候还挂着那东西吗？"

"对呀，我在部里的过道里还摸过它。"

"不过，倘若你在路上失掉了它，我们可以听得见它落下去的声响。它应当在车子里。"

"对呀。这是可能的。你可曾记下车子的号码？"

"没有。你呢，你当初也没有注意？"

"没有。"

他俩口呆目瞪地互相瞧着。末了，骆塞尔重新着好了衣裳。

"我去，"他说，"我去把我俩步行经过的路线再走一遍，去看看是不是可以找得着它。"

于是他出街了。她呢，连睡觉的气力都没有，始终没有换下那套参加晚会的衣裳，就靠在一把围椅上面，屋子里没有生火，脑子里什么也不想。

她丈夫在七点钟回家。什么也没有找得着。

他走到警察总厅和各报馆里去悬一种赏格，又走到各处出租小马车的公司，总而言之，凡是有一线希望的地方都走了一个遍。

她对着这种骇人的大祸，在惊愕状态中间整整地等了一天。

骆塞尔在傍晚的时候带着瘦削灰白的脸回来了；他一点什么也没有发现过。

“应当，”他说，“写信给你那个女朋友说你弄断了那串项链的搭钩，现在正叫人在那里修理。这样我们就可以有周转的时间。”

她在他的口授之下写了这封信。

一星期以后，他们任何希望都消失了。并且骆塞尔像是老了五年，高声说道：

“现在应当设法去赔这件宝贝了。”

第二天，他们拿了盛那件宝贝的盒子，照着盒子里面的招牌到了珠宝店里，店里的老板查过了许多账簿。

“从前，太太，这串项链不是我店里卖出去的，我只做了这个盒子。”

于是他俩到一家家的首饰店去访问了，寻觅一件和失掉的那件首饰相同的东西，凭着自己的记忆力做参考，他俩因为伤心和忧愁都快要生病了。

他们在故宫街一家小店里找到了一串用金刚钻镶成的念珠，他们觉得正像他们寻觅的那一串。它值得四万金法郎。店里可以作三万六千让给他俩。

他们所以央求那小店的老板在三天之内不要卖掉这东西。并且另外说好了条件：倘若原有的那串在二月底以前找回来，店里就用三万四千金法郎收买这串回去。

骆塞尔本存着他父亲从前留给他的一万八千金法郎。剩下的数目就得去借了。

他动手借钱了，向这一个借一千金法郎，向那个借五百，向这里借五枚鲁意金元，向另一处又借三枚。他签了许多借据，订了许多破产性的契约，和那些盘剥重利的人，各种不同国籍的放款人打交道。他损害了自己后半生的前程，他不顾成败利钝冒险地签上了自己的名姓，并且，想到了将来的苦恼，想到了就会压在身上的黑暗贫穷，想到了整个物质上的匮乏和全部精神上的折磨造成的远景，他感到恐怖了，终于走到那个珠宝商人的柜台边放下了三万六千金法郎，取了那串新项链。

在骆塞尔太太把首饰还给伏来士洁太太的时候，这一位用一种不高兴的神情向她说：“你应当早点儿还给我，因为我也许要用它。”

她当时并没有打开那只盒子，这正是她的女朋友担忧的事。倘若看破了这件代替品，她将要怎样想？她难道不会把她当作一个贼？

骆塞尔太太尝到了穷人的困窘生活了。此外，突然一下用英雄气概打定了主意，那笔骇人的债是必须偿还的。她预备偿还它。他们辞退了女佣；搬了家；租了某处屋顶底下的一间阁楼下。

她开始做种种家务上的粗硬工作了，厨房里可厌的日常任务了。她洗濯杯盘碗碟，在罐子锅子的油垢底子上磨坏了那些玫瑰色的手指头。内衣和抹布都由她亲自用肥皂洗濯再晾到绳子上；每天早起，她搬运垃圾下楼，再把水提到楼上，每逢走完一层楼，就得坐在楼梯上喘口气。并且穿着得像是一个平民妇人了，她挽着篮子走到蔬菜店里、杂货店里和肉店里去讲价钱，去挨骂，极力一个铜元一个铜元地去防护她那点儿可怜的零钱。

每月都要收回好些借据，一面另外立儿张新的去展缓日期。

她丈夫在傍晚的时候替一个商人誊清账目，时常到了深夜，他还得抄录那种五个铜元一面的书。

末后，这种生活延长到十年之久。

十年之末，他俩居然还清了全部债务，连同高利贷者的利钱以及由利上加利滚成的数目。

骆塞尔太太像是老了。现在，她已经变成了贫苦人家的强健粗硬而且吃苦耐劳的妇人了。乱挽着头发，歪歪地系着裙子，露着一双发红的手，高声说话，大盆水洗地板。但是有时候她丈夫到办公室里去了，她独自坐在窗前，于是就回想从前的那个晚会，那个跳舞会，在那里，她当时是那样美貌，那样快活。

倘若当时没有失掉那件首饰，她现在会走到什么样的境界？谁知道？谁知道？人生真是古怪，真是变化无常啊。无论是害您或者救您，只消一点点小事。

然而，某一个星期日，她正走到香榭丽舍大街兜个圈子去调剂一周之中的日常劳作，这时候忽然看见了一个带着孩子散步的妇人。那就是伏来士洁太太，她始终是年轻的，始终是美貌的，始终是有诱惑力的。

骆塞尔太太非常激动。要不要去和她攀谈？对的，当然。并且自己现在已经还清了债务，可以彻底告诉她。为什么不？她走近前去了。

“早安，约翰妮。”

那一位竟一点儿也不认识她了，以为自己被这个平民妇人这样亲热地叫唤是件怪事，她支支吾吾地说：

“不过……这位太太！……我不知道……大概应当是您弄错了。”

“没有错。我是玛蒂尔德•骆塞尔呀。”

她那个女朋友狂叫了一声：

“噢！……可怜的玛蒂尔德，你真变了样子！……”

“对呀，我过了许多很艰苦的日子，自从我上一次见过你以后；并且种种苦楚都是为了你！……”

“为了我……这是怎样一回事？”

“从前，你不是借了一串金刚钻项链给我到部里参加晚会，现在，你可还记得？”

“记得，怎样呢？”

“怎样，我丢了那串东西。”

“哪儿的话，你早已还给我了。”

“我从前还给你的是另外一串完全相同的。到现在，我们花了十年工夫才付清它的代价。像我们什么也没有的人，你明白这件事是不容易的……现在算是还清了账，我是结结实实满意的了。”

伏来士洁太太停住了脚步：

“你可是说从前买了一串金刚钻项链来赔偿我的那一串？”

“对呀，你从前简直没有看出来，是吗？那两串东西原是完全相同的。”

说完，她用一阵自负而又天真的快乐神气微笑了。

伏来士洁太太很受感动了，抓住了她两只手：

“唉。可怜的玛蒂尔德，不过我那一串本是假的，顶多值得五百金法郎！……”

小试牛刀

1．骆塞尔太太把赝品当真物，是否有原因可寻？

2．如何看待骆塞尔太太丢项链这一偶然情节？

3．小说到最后才说出项链是假的，这是否符合生活实情？这样写有什么好处？

4．有人认为本文的主题是讽刺了小资产阶级妇女的虚荣心，结合全文谈谈你对马蒂尔德这一人物有什么不同的看法？

5．现代社会有些年轻女性认为“干得好不如嫁得好”，对此你有何看法？

抛砖引玉

玛蒂尔德是一个“漂亮动人的女子”，因为“没有陪嫁的资产”，也“没有任何一个方法使得一个既有钱又有地位的人认识她，了解她，爱她，娶她”，后来只能“将就”着“和教育部一个小科员结了婚”，由于不满于现状而生出了改变的渴求。玛蒂尔德的虚荣心和追求享乐的思想断送了她的十年青春。但是对于不满意自己生活的玛蒂尔德来说，她并没有用自己虚伪的一面得到奢华的生活，她只是想想而已。她恪守着做人的基本原则，维护着自己的尊严。生活中有很多的无奈，特别是对于她这种没权没钱的小妇人。短暂的虚荣，被视为昂贵的项链，一生的背负。这无疑是以玛蒂尔德为代表的小资产阶级最大的悲哀。然而，当玛蒂尔德面对着决定她后半生命运的重大人生变故时不难发现：这位天真纯洁，曾整日幻想的小女人，其实有着坚强的灵魂和惊人的勇气。

丢失项链之后，玛蒂尔德在沉重的打击面前，没有犹豫，而是迅速地回到了现实，毅然地做出了令人惊讶的决定："要偿还这笔可怕的债务"。贫穷生活的磨炼，不仅仅改变她的容貌，更重要的是改变了她的精神。艰辛的劳动、生活，把她的不切实际的幻想，从云端拉回到切切实实的地面，现在出现的是一个新生的玛蒂尔德。虽然玛蒂尔德是不幸的，她的不幸在于她得不到自己想要的东西而白白的增加烦恼，同时她又是幸运的，残酷的现实让她清醒。

但作者的目的并不是肯定或否定玛蒂尔德，而是借此强化了连人物自己也不敢相信的命运的戏剧性。这一转折是极其突然的，给毫无思想准备的玛蒂尔德和读者当头一棒——玛蒂尔德为之付出十年艰辛劳动的项链竟然是假的！这正是莫泊桑精心运用小说技巧所追求的震撼力：戏剧性地揭示出人在命运面前是无能为力的，这也是莫泊桑悲观主义思想的集中体现。人是脆弱的，被动的，总是受命运的控制。一点极小的事就可以使人由无变有，又由有变无，人的一切理想、追求、憧憬和虚妄最终不过是复归于无——虚空，没有任何价值和意义。

阅读在线

灰姑娘

格林

从前，有个善良的女孩，她的妈妈死了，继母带着两个女儿来到家里。她们把小姑娘赶进厨房，让她每天像女仆一样生火煮饭，洗衣服。

从此，可怜的小姑娘成天穿着一件灰褂子，满身灰尘，满脸污垢。大家都叫她"灰姑娘"。

灰姑娘常常到母亲的坟前哭泣。她的眼泪像泉水一样，让坟旁的一株小苗奇迹般地长成了大树。树上飞来一只白鸟，每天都能满足她的一个愿望。

国王为了给王子找新娘，连续三天举行盛大的宴会，邀请城内所有年轻漂亮的姑娘参加。

灰姑娘的两个姐姐打扮得漂漂亮亮的，也去参加宴会了。孤苦伶仃的灰姑娘又来到母亲的坟前痛哭，要求白鸟给她一身美丽的衣裳。

白鸟衔来一套用金丝织成的衣裙和一双晶莹透明的舞鞋。灰姑娘穿戴好急忙赶到王宫。她是那么美丽，继母和姐姐都没有认出她来。王子走过来，和她握手，和她一次又一次地跳舞。

舞会结束了，王子要送灰姑娘回家。但灰姑娘趁王子不注意，悄悄跑回家，换上破衣服，坐在灰堆边。

第二天，灰姑娘等到继母和两个姐姐离开之后，又穿上了白鸟给她的衣裳去参加舞会。

这是一件更漂亮的衣裳，全场的人都被她的美丽惊呆了，王子更是一步也不离开她。

舞会结束后，王子悄悄地跟在灰姑娘身后，眼看她在一座花园的梨树上消失了。

王子很惊讶，命人砍倒梨树，却没有找到灰姑娘。原来，灰姑娘早就从树上跳下来，跑回家，换上灰褂子，躺在灶边睡觉了。

第三天，灰姑娘又一次来参加舞会，穿得比前两次更美，王子更加热情地陪她跳舞。

王子怕灰姑娘再次逃走，就在楼梯上涂满了柏油。舞会结束了，灰姑娘逃回家中，可她的鞋被粘住了。

王子带上这只小巧而精致的水晶鞋，找到灰姑娘的父亲，说："让你的女儿试试这只鞋。"

大女儿抢先试穿，可是她的大脚趾太长，穿不进去。

继母让二女儿试穿，可她的脚后跟太大，也穿不进去。

王子问灰姑娘的父亲："你还有别的女儿吗？"父亲只好把灰姑娘叫来。灰姑娘洗干净了脸，显得美丽动人。

王子把鞋给她，让她试穿，她轻易地将鞋穿好了。她抬起头来，王子认出了她，连忙上前挽着灰姑娘回宫。路过那棵大树时，白鸟叫道："这个美丽善良的姑娘，才是真新娘。"然后，它从树上飞下来，落在灰姑娘肩上。

灰姑娘和王子的婚礼在教堂举行。她成了美丽的王后，再也没有人叫她"灰姑娘"了。

书写练习

请在下面的格子里书写"现在的一切都是为将来的梦想编织翅膀，让梦想在现实中展翅高飞。"

子任务三　学会表达交流——演讲

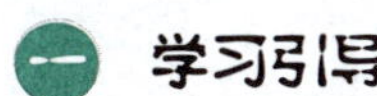

一　学习引导

卡耐基说：一个人的成功85%是靠他的人际沟通和演说能力，只有15%跟他的专业技能相关。语言是人与人之间沟通的桥梁，是人类最重要的交际工具，是人们进行沟通交流的各种表达符号，人们借助语言保存和传递人类文明的成果。一个人语言的能力，又叫作演讲与口才。口才在如今的社会非常重要，一个很有才能的人，如果没有一个好口才，不能把自己所想很好地表达出来，也就很难得到别人的肯定与认可。在我们生活中，如何与别人有效地沟通，意味着你能否处理好与家庭、朋友、同事等各种人际关系。良好演讲与口才的能力，能够帮助我们减少不必要的麻烦，能够更好地帮助我们事业的发展。中国古代有很多著名的辩论家，如孔子、墨子、韩非子等等，他们中很多人都是凭借良好的口才来传播自己的思想，有的甚至可以左右一场战争的发生，可见演讲与口才对于我们是多么的重要啊！

教师播放视频——超级演说家，北大女博士谈《做一个怎样的子女》。

思考与讨论：

1. 什么是演讲？
2. 演讲有哪些形式？
3. 演讲时需要注意哪些事项？
4. 演讲的技巧有哪些？

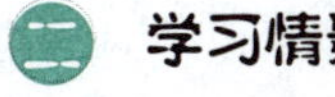

二　学习情景

你所在的学校将要举办以“我有一个梦想”为主题的演讲比赛，你的班主任向学校推荐了你，请你为接下来的比赛做好准备吧！

三 学习任务

任务书

1．任务名称：学会演讲

2．学习目标：

（1）结合所学专业，根据将来工作情境的需要，学会演讲。

（2）能熟练运用演讲的表达方式应对现在的学习及将来的工作，提高语言沟通的能力。

（3）增强口头表达能力，锻炼逻辑思维能力。

3．任务描述：在本次任务中，我们将完成演讲的学习任务，熟练于针对不同的主题进行演讲。

4．任务要求：

（1）在教师指导下，了解演讲的相关知识，学习演讲的技能技巧。

（2）能根据不同的主题进行演讲。

（3）在教师指导下，能熟练运用演讲的表达方式，完成不同的演讲任务。

1．演讲和讲话有什么区别？

2．请大家列举听过的精彩演讲？精彩在哪里？

3．你会演讲吗？

演讲概述

演讲又叫讲演或演说，是指在公众场所，以有声语言为主要手段，以体态语言为辅助手段，针对某个具体问题，鲜明、完整地发表自己的见解和主张，阐明事理或抒发情感，进行宣传鼓动的一种语言交际活动。

一、演讲形式

主要形式大体有如下四种：照读式演讲、背诵式演讲、提纲式演讲，即兴式演讲。

1．照读式演讲

亦称读稿式演讲。演讲者拿着事先写好的演讲稿，走上讲台，逐字逐句地向听众宣读一遍。其内容经过慎重考虑，语言经过反复推敲，结构经过精心安排，话讲得郑重。它比较适合于在重要而严肃的场合。如各级党代会、人代会、政协会议等大会报告、纪念重大节日的领导人讲话、外交部的声明等。

2．背诵式演讲

亦称脱稿演讲。演讲者事先写好演讲稿，反复照背，背熟后上讲台，脱稿向听众演讲。这种演讲方式比较适合于演讲比赛和初学演讲者，可以在一定程度上检验和培养演讲者的演讲能力。其缺点是不便于演讲者临场发挥，使听众觉得矫揉造作，一旦忘词，就难以继续，往往要当场出丑。所以，运用这种演讲方式，必须做好充分准备，语言尽量口语化，表达自然，切忌表演的痕迹。

3．提纲式演讲

亦称提示式演讲。演讲者只把演讲的主要内容和层次结构，按照提纲形式写出来，借助它进行演讲，而不必一字一句写成演讲稿，其特点是能避免照读式演讲和背诵式演讲与听众思想感情缺乏交流的不足——演讲者根据几条原则性的提纲进行演讲，比较灵活，便于临场发挥，真实感强。其又具有照读式演讲和背诵式演讲的长处——事先对演讲的内容有充分准备，可以有一定的时间收集材料，考虑演讲要点和论证方法，但不要求写出全文，而是提纲挈领地把整个演讲的主要观点、论据、结构层次等用简练的句子排列出来，作为演讲时的提示，靠它开启思路。是初学演讲者进一步提高演讲水平的行之有效的一种演讲方式。

4．即兴式演讲

演讲者预先没有充分准备而临场情深意切所发表的演讲，它是一种难度最大、要求最高、效果最佳的演讲方式，可以根据实际情况，针对听众的心理和需要，灵活机动，迅速调动语言的一切积极因素，以悬河之口带来生动而直观的直感染力，是其他各种演讲方式都无法比拟的。使用即兴式演讲方式需要演讲者具有德、才、学、识、胆诸方面很高的修养，具有很强的记忆力、丰富的想象力和联想力、敏捷的思维能力、大量的语言和材料储备……如果不具备这些条件，即使使用这种演讲方式，也不会取得理想的演讲效果；相反，往往还会出现信口开河，漫无边际，逻辑混乱，漏洞百出的现象，这样反倒影响了演讲的效果。虽然如此，每个演讲者也必须争取掌握这种演讲方式，只要下苦功，肯定能学会。

二、演讲的提高方法

做好演讲提纲是关键的一步：演讲的题目、逐渐深化的论点、论据、结论和提议都是提纲的重要环节。

要想使演讲吸引听众，需要注意以下几点：

尽量使用听众觉得与众不同的话语，如古诗、名句、名言或者网络、社会、切中时代利弊的新词，做到引人入胜。

尽量使用排比句和循环句，可以得到事半功倍的效果，吸引听众。

尽量使用首尾呼应的方法，突出重点，推出理想的效果。

整个演讲要讲究思维的逻辑性，由浅入深、有条有理地把论点论据讲明白，讲清楚，事先要进行准备：

（1）背诵：不带纸稿的演讲要比带上纸稿的效果好，要读熟练。

（2）内心要有一个预案，考虑到演讲中听众可能有的异议、提问，万一一时回答不了的问题也可以用“没听明白，请再讲一遍好吗？”延长自己思考回复的时间；当然，也可以用一些托词（时间问题，不便于在此回答，下面面议等）立即回绝。

（3）懂得托物起兴，有一个好的开头很重要；同时，结尾也要有力而精练，令人回味无穷。

（4）随时了解听众动态，懂得适可而止和趁热打铁等。

（5）在一切准备就绪时，应注意手稿质量，如果是一般例会则无要求，如果是比较重要的场合，建议使用质地优越的合同专用纸作为手稿，这样手里的东西比较有分量，不至于那么寒酸。

三、演讲的语言艺术

演讲是一门语言的艺术，它旨在调动起听众的情绪，并引起听众的共鸣，从而传达出你所要传达的思想、观点、感悟。

标准的普通话是必需的条件，当然一些大的演讲家不一定都能说标准的普通话，但与人沟通中让人听懂是一个十分重要的内容。

注意语句的顿挫，演讲开始如一首昂扬的乐曲时不想成功都难。

注意互动。反问、诘问都是演讲中引起观众思考，提高演讲质量的方法。

忘稿时，尽量以圆滑的语言顺过去，向下接稿，不要想不起下句而卡在那里。

四 实施任务

根据演讲对语言艺术的要求，结合马丁·路德·金的《我有一个梦想》演讲词，进行一场原稿模拟演讲。

课堂思考与分享

1．在演讲马丁·路德·金的《我有一个梦想》时应是怎样的情感？

2．这个演讲需要注意哪些事项？

课后作业

根据自身实际，写出一份以“我有一个职业梦”为主题的800字演讲稿，然后进行模拟演讲。

书写练习

请在下面的格子里书写“听君一席话，胜读十年书。”

任务四 职业旅途

本任务主题描述

职业教育与学生的职业生涯发展息息相关，对职业学校学生进行职业生涯规划教育，丰富自身理想，拓宽就业渠道，帮助他们提高职业选择的能力，这是职业教育的基本要求。职业生涯教育对于学生的未来发展和提高国家竞争力有着举足轻重的作用，从职业生涯教育的角度研究学生成才的问题，不仅仅关系到学生个人，也关系到落实国家人才战略问题以及解决社会多种需求与国家发展的问题，意义十分重大。

阅读欣赏任务选编了有关"理想就业"话题的《差不多先生传》和《天堂与地狱比邻》两篇文章。《差不多先生传》运用传记体的方法警示了那些做事马马虎虎，不认真的人，让读者的心灵于朴朴素素的文字中受到强烈的震撼；《天堂与地狱比邻》是美国的石油大王洛克菲勒运用书信体散文的形式告诫人们：如果视工作为一种乐趣，人生就是天堂：如果视工作为一种义务，人生就是地狱。

本任务表达交流的学习内容是"求职面试"，通过"乐观主动，严谨务实"这一主题展开，使学生通过表达交流达到学习目的。

本任务知识目标

本任务知识目标：

1. 整体感知课文，了解课文大意。
2. 理解文中的人物和时间，把握文中的感情基调。
3. 掌握记叙文的表达方式。
4. 学会求职面试的方法及技巧。

本任务能力目标

1. 能概括文章大意，体会作者所表达的情感。
2. 能选取典型材料，概括人物的性格特征。

3．能对文章中感受最深的词语、语句进行品味。

4．掌握求职面试的基本要求和技巧。

本任务情感目标

1．懂得奋斗之乐，人性之美。

2．学会控制情感，做真实的自己。

3．学会表达“情感释放”和“情感内敛”。

4．结合中职学生的实际情况培养他们在逆境中直面困难、顽强不屈、积极奋斗的思想、情操。

子任务一　学会阅读欣赏——《差不多先生传》

差不多先生传

胡适

有的放矢

1．了解传记体的写作手法，并尝试鼓励学生写作。

2．品味语言，体会文章的讽刺艺术。

3、理解作者的写作意图，探究文章的现实意义。

阅读导航

文章描写了当时的中国是一个病态的中国，很多人身上存在敷衍塞责、马虎从事的陋习。胡适先生希望通过“差不多先生的现象”警醒国人，革除陋习。

对于即将走入社会、踏入职场生涯的学生，更应该把“差不多先生”当成一面镜子，好好照一照自己学习工作中的“差不多现象”。

此文章在写法上，以设问起笔造成悬念，然后娓娓道来，如叙家常。读后掩卷深思，意义重大。

阅读原文

你知道中国最有名的人是谁？

提起此人，人人皆晓，处处闻名。他姓差，名不多，是各省各县各村人氏。你一定见过他，一定听过别人谈起他。差不多先生的名字天天挂在大家的口头，因为他是中国全国人的代表。

差不多先生的相貌和你和我都差不多。他有一双眼睛，但看的不很清楚；有两只耳朵，但听得不很分明；有鼻子和嘴，但他对于气味和口味都不很讲究。他的脑子也不小，但他的记性却不很精明，他的思想也不很细密。

他常说："凡事只要差不多，就好了。何必太精明呢？"

他小的时候，他妈叫他去买红糖，他买了白糖回来。他妈骂他，他摇摇头说："红糖白糖不是差不多吗？"

他在学堂的时候，先生问他："直隶省的西边是哪一省？"他说是陕西。先生说："错了。是山西，不是陕西。"他说："陕西同山西，不是差不多吗？"

后来他在一个钱铺里做伙计；他也会写，也会算，只是总不会精细。十字常常写成千字，千字常常写成十字。掌柜的生气了，常常骂他。他只是笑嘻嘻地赔礼道："千字比十字只多一小撇，不是差不多吗？"

有一天，他为了一件要紧的事，要搭火车到上海去。他从从容容地走到火车站，迟了两分钟，火车已开走了。他白瞪着眼，望着远远的火车上的煤烟，摇摇头道："只好明天再走了，今天走同明天走，也还差不多。可是火车公司未免太认真了。八点三十分开，同八点三十二分开，不是差不多吗？"他一面说，一面慢慢地走回家，心里总不明白为什么火车不肯等他两分钟。

有一天，他忽然得了急病，赶快叫家人去请东街的汪医生。那家人急急忙忙地跑去，一时寻不着东街的汪大夫，却把西街牛医王大夫请来了。差不多先生病在床上，知道寻错了人；但病急了，身上痛苦，心里焦急，等不得了，心里想道："好在王大夫同汪大夫也差不多，让他试试看罢。"于是这位牛医王大夫走近床前，用医牛的法子给差不多先生治病。不上一点钟，差不多先生就一命呜呼了。差不多先生差不多要死的时候，一口气断断续续地说道："活人同死人也差……差……差不多，……凡事只要……差……差……不多……就……好了，……何……何……必……太……太认真呢？"他说完了这句话，方才绝气了。

他死后，大家都称赞差不多先生样样事情看得破，想得通；大家都说他一生不肯认真，不肯算账，不肯计较，真是一位有德行的人。于是大家给他取个死后的法号，叫他做圆通大师。

他的名誉越传越远，越久越大。无数无数的人都学他的榜样。于是人人都成了一个差不多先生——然而中国从此就成为一个懒人国了。

课后疑问

既然差不多先生所作所为这么迂腐可笑，作者为什么在文章结尾写差不多先生死后，人们都称赞他，效仿他？

在这部分中，作者写差不多先生死后，人们都称赞他；不仅称赞他，还向他学习。于是，人人都成了差不多先生，中国也就成了懒人国了。在文章的第一段，作者说差不多先生是“中国全国人的代表”，在最后一段又说“无数无数的人，都学他的榜样”。作者这样夸张地写，目的是指出做事马马虎虎、敷衍塞责、是非不分，是中国人的通病；在最后一段回应前文，指出这种情况愈来愈厉害。他这样写是希望能唤醒国人，革除这种毛病。

小试牛刀

1．作者为什么说差不多先生“你一定见过他，一定听别人谈起他”？

2．文中说差不多先生的记性不精明，思想也不是很细密。请用自己的话把这些事例概括出来。

3．细读全文，你认为作者对“差不多先生”持何种态度？为什么要给他立传？

4．差不多先生认为什么事差不多就行，其思想根源是什么？用一句话概括出来。

抛砖引玉

伴食宰相

伴食：陪着人家一道吃饭。用来讽刺无所作为，不称职的官员。

出处：《旧唐书·卢怀慎传》：“开元三年，迁黄门监。怀慎与紫微令姚崇对掌枢密，怀慎自以为吏道不及崇，每事皆推让之，时人谓之伴食宰相。”

尸位素餐

尸位：空占职位，不尽职守；素餐：白吃饭。空占着职位而不做事，白吃饭。

出处：《汉书·朱云传》：“今朝廷大臣，上不能匡主，下亡以益民，皆尸位素餐。”

马马虎虎

【解释】指还过得去。亦形容做事不认真，不仔细。

【出处】茅盾《子夜》十二："单办那八个厂，四十多万也就马马虎虎混得过。"

粗心大意

【解释】粗：粗疏。指做事马虎，不细心。

【出处】宋·朱熹《朱子语类·学四》："去尽皮方见肉，去尽肉方见骨，终骨方见髓，使粗心大气不得。"

草草了事

【解释】草草：形容草率、马虎；了：办完，结束。草率地把事情结束了。

【出处】明·朱国桢《涌幢小品·实录》："陈文端清修正史，分各志二十八，务于详备，一志多至四五十万余言。未几，文端薨，各志草草了事。"

丢三落四

【解释】形容做事马虎粗心，不是丢了这个，就是忘了那个。

【出处】清·曹雪芹《红楼梦》第六十七回："咱们家没人，俗语说的'夯雀儿先飞'，省的临时丢三落四的不齐全，令人笑话。"

吊儿郎当

【解释】形容仪容不整，作风散漫，态度不严肃或不认真。

【例句】你不能总是这样吊儿郎当的好不好？

粗枝大叶

【解释】原比喻简略或概括，现比喻工作粗糙，做事不认真细致。形容很简略，不细致，不具体。

【出处】宋·朱熹《朱子语类》第七十八卷。

负乘致寇

【解释】指居非其位，才不称职，就会招致祸患。

【出处】典出《易·解》：“六三：负且乘，致寇至，贞吝。《象》曰：‘负且乘，亦可丑也。自我致戎，又谁咎也。’”

阅读在线

冬夜读书示子聿

陆游

古人学问无遗力，少壮工夫老始成。
纸上得来终觉浅，绝知此事要躬行。

书写练习

请在下面的格子里面书写“认真是成功的秘诀，粗心是失败的伴侣。”

子任务二　学会阅读欣赏——《天堂与地狱比邻》

天堂与地狱比邻

约翰·洛克菲勒

有的放矢

1．把握书信体散文的要素，了解作者的感情，感悟作者的意图。

2．学习一个功成名就的企业家是如何看待劳动、职业，又是如何对待自己的工作的。

3．理解“人生的天堂或地狱其实就掌握在自己手里”这句话的深刻内涵。这对于帮助学生形成积极乐观的工作态度，从而顺利走入职场是有极大帮助的。

阅读导航

该文是美国的石油大王洛克菲勒写给儿子的一封信，在信中他告诫儿子：“如果你视工作为一种乐趣，人生就是天堂；如果你视工作为一种义务，人生就是地狱。”这是积极的人生观，相信每个人看了都会从中受益。作者洛克菲勒是美国第一位十亿富豪，并曾是全球首富，也是公认的石油大亨，本文真实地再现了洛克菲勒一生的思想精华，其中既饱含了一个父亲对孩子殷切的希望与切实的指导，也体现出其对财富的谋略与管理方面的才华，希望能帮助所有渴望成功的普通人找到自己的人生方向，创造辉煌的未来。

阅读原文

亲爱的约翰：

有一则寓言很有意味，也让我感触良多。那则寓言说：

在古老的欧洲，有一个人在他死的时候，发现自己来到一个美妙而又能享受一切的地方。他刚踏进那片乐土，就有个看似侍者模样的人走过来问他：“先生，您有什么需要吗？在这里您可以拥有一切您想要的：所有的美味佳肴，所有可能的娱乐以及各式各样的消遣，其中不乏妙龄美女，都可以为您服务。”

这个人听了以后，感到有些惊奇，但非常高兴，他暗自窃喜：这不正是我在人世间的梦想吗！一整天他都在品尝所有的佳肴美食，同时尽享美女的服务。然而，有一天，他却对这一切感到索然乏味了，于是他就对侍者说：“我对这一切感到很厌烦，我需要做一些事情。你可以给我找一份工作做吗？”

他没想到，他所得到的回答却是摇头：“很抱歉，我的先生，这是我们这里唯一不能为您做的。这里没有工作可以给您。”

这个人非常沮丧，愤怒地挥动着手说：“这真是太糟糕了！那我干脆就留在地狱好了！”

“您以为，您在什么地方呢？”那位侍者温和地说。

约翰，这则很富幽默感的寓言，似乎告诉我：失去工作就等于失去快乐。但是令人遗憾的是，有些人却要在失业之后，才能体会到这一点。这真不幸！

我可以很自豪地说，我从未尝过失业的滋味；这并非我运气，而在于我从不把工作视为毫无乐趣的苦役，却能从工作中找到无限的快乐。我认为，工作是一项特权，它带来比维持生活更多的事物。工作是所有生意的基础，所有繁荣的来源，也是天才的塑造者。工作使年轻人奋发有为，比他的父母做得更多，不管他们多么有钱。工作以最卑微的储蓄表示出来，并奠定幸福的基础。工作是增添生命味道的食盐。但人们必须先爱它，工作才能给予最大的恩惠、获得最好的结果。

我初进商界时，时常听说，一个人想爬到高峰需要牺牲很多。然而，岁月流逝，我开始了解到很多正爬向高峰的人，并不是在“付出代价”。他们努力工作是因为他们真正地喜爱工作。任何行业中往上爬的人都是完全投入正在做的事情，且专心致志。衷心喜爱从事的工作，自然也就成功了。

热爱工作是一种信念。怀着这个信念，我们能把绝望的大山凿成一块希望的磐石。一位伟大的画家说得好：“痛苦终将过去，但是美丽永存。”

但有些人显然不够聪明，他们有野心，却对工作过分挑剔，一直在寻找“完美的”雇主或工作。事实是，雇主需要准时工作、诚实而努力的雇员，他只将加薪与升迁的机会留给那些格外努力、格外忠心、格外热心、花更多的时间做事的雇员，因为他在经营生意，而不是在做慈善事业，他需要的是那些更有价值的人。

不管一个人的野心有多么大，他至少要先起步，才能到达高峰。一旦起步，继续前进就不太困难了。工作越是困难或不愉快，越要立刻去做。他等的时间越久，就变得越困难、可怕，这有点像打枪一样，你瞄的时间越长，射击的机会就越渺茫。

我永远也忘不了我的第一份工作——簿记员的经历，那时我虽然每天天刚蒙蒙亮就得去上班，而办公室里点着的鲸油灯又很昏暗，但那份工作从未让我感到枯燥乏味，反而很令我着迷和喜悦，连办公室里的一切繁文缛节都不能让我对它失去热心。而结果是雇主总在不断地为我加薪。

收入只是你工作的副产品，做好你该做的事，出色完成你该做的事，理想的薪金必然会来。而更为重要的是，我们劳苦的最高报酬，不在于我们所获得的，而在于我们会因此成为什么。那些头脑活跃的人拼命劳作决不是只为了赚钱，使他们工作热情得以持续下去的东西要比只知敛财的欲望更为高尚——他们是在从事一项迷人的事业。

老实说，我是一个野心家，从小我就想成为富人。对我来说，我受雇的休伊特－塔特尔公司是一个锻炼我的能力、让我一试身手的好地方。它代理各种商品销售，拥有一座铁矿，还拥有两项让它赖以生存的技术，那就是给美国经济带来革命性变化的铁路与电报。它把我带进了妙趣横生、广阔绚烂的商业世界，让我学会了尊重数字与事实，让我看到了运输业的威力，更培养了我作为商人应具备的能力与素养。所有的这些都在我以后的经商中发挥了极大效能。我可以说，没有在休伊特－塔特尔公司的历练，在事业上我或许要走很多弯路。

现在，每当想起休伊特－塔特尔公司，想起我当年的老雇主休伊特和塔特尔两位先生时，我的内心就不禁涌起感恩之情，那段工作生涯是我一生奋斗的开端，为我打下了奋起的基础，我永远对那三年半的经历感激不尽。

所以，我从未像有些人那样抱怨他的雇主，说："我们只不过是奴隶，我们被雇主压在尘土上，他们却高高在上，在他们美丽的别墅里享乐；他们的保险柜里装满了黄金，他们所拥有的每一块钱，都是压榨我们这些诚实工人得来的。"我不知道这些抱怨的人是否想过：是谁给了你就业的机会？是谁给了你建设家庭的可能？是谁让你得到了发展自己的可能？如果你已经意识到了别人对你的压榨，那你为什么不结束压榨，一走了之？

工作是一种态度，它决定了我们快乐与否。同样都是石匠，同样在雕塑石像，如果你问他们："你在这里做什么？"他们中的一个人可能就会说："你看到了吗？我正在凿石头，凿完这个我就可以回家了。"这种人永远视工作为惩罚，在他嘴里最常吐出的一个字就是"累"。

另一个人可能会说："你看到了吗？我正在做雕像。这是一份很辛苦的工作，但是酬劳很高。毕竟我有太太和四个孩子，他们需要温饱。"这种人永远视工作为负担，在他嘴里经常吐出的一句话就是"养家糊口"。

第三个人可能会放下锤子，骄傲地指着石雕说："你看到了吗？我正在做一件艺术品。"这种人永远以工作为荣、工作为乐，在他嘴里最常吐出的一句话是："这个工作很有意义。"

天堂与地狱都由自己建造。如果你赋予工作意义，不论工作大小，你都会感到快乐，自我设定的成绩不论高低，都会使人对工作产生乐趣。如果你不喜欢做的话，任何简单的事都会变得困难、无趣，当你叫喊着这个工作很累人时，即使你不卖力气，你也会感到精疲力竭，反之就大不相同。事情就是这样。

约翰，如果你视工作为一种乐趣，人生就是天堂；如果你视工作为一种义务，人生就是地狱。检视一下你的工作态度，那会让我们都感觉愉快。

爱你的父亲！

小试牛刀

1．阅读这封信，你觉得课文开头的寓言故事所描述的是天堂还是地狱？

2. 本部分哪些语句对你感触最大？为什么？

3. 你能另外举一些说明工作重要性的事例吗？

尼古拉·奥斯特洛夫斯基所著的《钢铁是怎样炼成的》中保尔·柯察金有这样一段话："人生最宝贵的是生命，生命对于每个人只有一次。一个人的生命应当这样度过：当他回忆往事的时候，他不致因虚度年华而悔恨，也不致因碌碌无为而羞愧。"

同样，我们在面对自己所拥有的职业的时候，应该怎样去对待，是为了完成而完成，还是为了梦想而完成？这两者是有区别的。前者只是为了满足于自身的物质需求而放弃了精神需要，后者则是为了完善自身的自我实现需要，属于最高层次的需要。

请善待你所在的单位！

你不种地，但你有吃有喝；你不织布，但你衣着华丽；你不造车，但你以车代步；你不盖楼，但你家居安泰，你不是神仙，但许多人尊重你；你没有才华，但你仍然能够参与社会；你相貌平平，但你的爱人喜欢你；你能力一般，但你的儿女崇拜你。这是为什么呢？你是依靠什么去和他们进行交换？你是依靠什么获得你需要的生活物品？你是依靠什么赢得社会的尊重？——那就是单位。如果你是小草，单位就是你的地。如果你是小鸟，单位就是你的天空。如果你是一条鱼，单位就是你的大海。如果你是一只狼，单位就是你跃马驰骋的战场。

家庭离不了你，但你也离不了单位。

单位是你和社会之间和他人之间，进行交换的桥梁。单位是你显示自己存在的舞台。单位是你美好家庭的后台。单位是你的竞技场、练兵站、美容室、大学校！单位是你提升身价的增值器，单位是你安身立命的客栈，单位是你和你的另一半对峙的有力武器，单位是你在家庭和社会上的发言权。

在单位要学会珍惜。

一是珍惜工作。工作就是职责，职责就是担当，担当就是价值。感谢那些让你独当一面的人，感谢那些给你压担子的人，感谢给你平台的人。因为那是机会，那是信任，那是发言权。

二是珍惜关系。单位的各种关系一定要珍惜，宁可自己受委屈也尽量不争高低。一个人只有能够处理好和自己有工作关系的关系才叫能力。没有工作关系的关系，只是吃吃喝喝、玩玩耍耍，那不属于单位关系。

三是珍惜已有的。在单位你已经拥有的，一定要珍惜。也许时间久了，你会感到厌烦。但那只是你的心理出了问题。要学会及时调整自己，使自己在枯燥无味的工作面前，有一种常新的感觉和姿势。你已经拥有的，一旦丧失，你就会知道它的价值。

在单位最忌讳三点。

一是把工作推给别人。工作是你的职责，也是你的权力，也是你的义务，更是你立足单位的基础。把属于自己的工作推给别人，不是聪明，而是愚蠢，除非你的能力太小了，不能胜任它。推诿工作是一种逃避，是一种不负责任，更是一种无能，他会让别人从内心深处瞧不起你。

二是愚弄他人。愚弄别人是一种真正的愚蠢，是对自己的不负责任。尤其是对那些信任你的人，依靠你，倚重你的人，万万不可耍小聪明，你会得不偿失的。长期在一起共事，你的诚恳会让同事感动。反之，则会使领导和同事恶心。你也许不知道，比你高一个级别的人，在研究你的能力和为人时，大家竟然看得那么准，那么透，那么一致。

三是沉不下心来。沉不下心来是在单位工作的大忌。单位不是走马观花，不是住旅店，不是旅游。单位很有可能是一生的根据地，是你一辈子存在的证明。要沉下心慢慢干。有机会上进了也不要得意忘形。没有机会或者错过了一个机会也不要患得患失。相信最后的赢家是那些慢慢走过来的人。

单位无论大小，一把手只有一个。那些能够在一把手面前推荐你，说你好话的人是你生命中的贵人。在单位要克勤克俭，兢兢业业，而不是耍赖撒泼，妄自尊大。单位的本质从来不按年龄的大小排序，而是按职务排序，谁以自己的年龄大小来说事，谁就是真正的傻瓜。没有一个人会因为你年龄大而从内心深处敬重你。那些对年龄的尊重只是一种表面的应酬。

在单位老年人有老年人的优势，年轻人有年轻人的优势。万万不可以互相轻视。在单位能多干一点就多干一点，总有人会记得你的好。在单位千万不可以带一个不好的头，不要破坏单位的规则。那样就是拆一把手的台，就是拆自己直接领导的台，就是拆自己的台，就是和这个团队过不去。一定要把属于私人的事限制在私人的空间。否则，关键时刻，没有人认可你。在单位要尽量远离那些鼓动你不工作的人，鼓动你闹矛盾的人。

在单位永远不要说大话，没有人害怕你的大话，大家只会瞧不起你。维护自己的单位，维护自己的工作，维护自己的职业。单位离开谁都能运转，但你离不开单位，你要努力证明，你在单位很重要。

书写练习

请在下面的格子里书写“世上没有卑贱的职业，只有卑贱的人。”

子任务三　学会表达交流——求职面试

一　学习引导

许多成功的求职面试，面试官希望看到的，就是公司所需要的。

电影《当幸福来敲门》中威尔·史密斯饰演的美国黑人投资专家克里斯·加德纳，就是一个成功的例子。其中 3 分钟面试片段，值得观看学习。

思考与讨论：

1. 面试的时候应该怎样表达自己？
2. 面试的时候要注意什么？
3. 面试结束后应该怎样？不管结局如何，自己的心态要做到平复。

二　学习情景

某职业学校毕业学生刘立志，收到贵阳某大数据企业的面试通知，刘立志要如何准确、简洁的表达出自己，以达到企业的要求。

三　学习任务

任　务　书

1. 任务名称：求职面试

2. 学习目标：

（1）结合所学专业，根据将来工作情境的需要，学会应对各种求职面试。

（2）能熟练运用求职面试这种表达方式应对现在的学习及将来的求职现场，加强语言沟通的效果。

（3）学会运用求职中的各种技巧。

3. 任务描述：在本次任务中，我们将完成求职面试的学习任务，熟练地在各种求职现场很好地展现自己，给用人单位留下深刻的印象。

4. 任务要求：

（1）在教师指导下，了解求职面试的技巧。

（2）在教师指导下，能熟练运用面试技巧这种表达方式，完成不同的面试任务。

1. 你知道面试需要注意些什么吗？

2. 你会面试的技巧吗？

求职面试技巧

面试过程中，面试官会向应聘者发问，而应聘者的回答将成为面试官考虑是否接受他的重要依据。对应聘者而言，了解这些问题背后的问题至关重要。本文对面试中经常出现的一些典型问题进行了整理，并给出相应的回答思路和参考答案。读者无须过分关注分析的细节，关键是要从这些分析中“悟”出面试的规律及回答问题的思维方式，达到“活学活用”。

问题一：请你自我介绍一下。

分析与思路：

1. 这是面试的必有题目。

2. 介绍内容要与个人简历相一致。

3. 表述方式上尽量口语化。

4. 要切中要害，不谈无关、无用的内容。

5. 条理要清晰，层次要分明。

6. 事先最好以文字的形式写好背熟。

回答要点：用 10 秒简单说说个人资料即可。用一分半左右时间介绍你以前从事的工作和所获得的经验。再用一分钟左右时间描述你以前的工作经验对应聘的这份职位来说有哪些帮助。

问题二：谈谈你的家庭情况。

分析与思路：

1．对于了解应聘者的性格、观念、心态等有一定的作用，这是招聘单位问该问题的主要原因。

2．简单地罗列家庭人员。

3．宜强调温馨和睦的家庭氛围。

4．宜强调父母对自己教育的重视。

5．宜强调各位家庭成员的良好状况。

6．宜强调家庭成员对自己工作的支持。

7．宜强调自己对家庭的责任感。

问题三：你有什么业余爱好？

分析与思路：

1．业余爱好能在一定程度上反映应聘者的性格、观念、心态，这是招聘单位问该问题的主要原因。

2．最好不要说自己没有业余爱好。

3．不要说庸俗的、令人感觉不好的爱好。

4．最好不要说自己的爱好仅限于读书、听音乐、上网，否则可能令面试官怀疑应聘者性格孤僻。

5．最好能有一些户外的业余爱好来“点缀”你的形象。

问题四：你最崇拜谁？

分析与思路：

1．最崇拜的人能在一定程度上反映应聘者的性格、观念、心态，这是面试官问该问题的主要原因。

2．不宜说自己谁都不崇拜。

3．不宜说崇拜自己。

4．不宜说崇拜一个虚幻的人，或者一个不知名的人。

5．不宜说崇拜一个明显具有负面形象的人。

6．所崇拜的人最好与自己所应聘的工作能“搭”上关系。

7．最好说出自己所崇拜的人的哪些品质、哪些思想感染着自己、鼓舞着自己。

问题五：“你的座右铭是什么？”

分析与思路：

1．座右铭能在一定程度上反映应聘者的性格、观念、心态，这是面试官问这个问题的主要原因。

2．不宜说那些易引起不好联想的座右铭。

3．不宜说那些太抽象的座右铭。

4．不宜说太长的座右铭。

5．座右铭最好能反映出自己某种优秀品质。

6．参考答案——“只为成功找方法，不为失败找借口”。

问题六：谈谈你的缺点。

分析与思路：

1．不宜说自己没缺点。

2．不宜把那些明显的优点说成缺点。

3．不宜说出严重影响所应聘工作的缺点。

4．不宜说出令人不放心、不舒服的缺点。

5．可以说出一些对于所应聘工作“无关紧要”的缺点，甚至是一些表面上看是缺点，从工作的角度看却是优点的缺点。

问题七：谈一谈你的一次失败经历。

分析与思路：

1．不宜说自己没有失败的经历。

2．不宜把那些明显的成功说成是失败。

3．不宜说出严重影响所应聘工作的失败经历，

4．所谈经历的结果应是失败的。

5．宜说明失败之前自己曾信心百倍、尽心尽力。

6．说明仅仅是由于外在客观原因导致失败。

7．失败后自己很快振作起来，以更加饱满的热情面对以后的工作。

问题八：你为什么选择我们公司？

分析与思路：

1．面试官试图从中了解你求职的动机、愿望以及对此项工作的态度。

2．建议从行业、企业和岗位这三个角度来回答。

3．参考答案：“我十分看好贵公司所在的行业，我认为贵公司十分重视人才，而且这项工作很适合我，相信自己一定能做好。”

问题九：对这项工作，你有哪些可预见的困难？

分析与思路：

1．不宜直接说出具体的困难，否则可能令对方怀疑应聘者不行。

2．可以尝试迂回战术，说出应聘者对困难所持有的态度——“工作中出现一些困难是正常的，也是难免的，但是只要有坚韧不拔的毅力、良好的合作精神以及事前周密而充分的准备，任何困难都是可以克服的。”

问题十：如果我录用你，你将怎样开展工作？

分析与思路：

1．如果应聘者对于应聘的职位缺乏足够的了解，最好不要直接说出自己开展工作的具体办法。

2．可以尝试采用迂回战术来回答，如“首先听取领导的指示和要求，然后就有关情况进行了解和熟悉，接下来制订一份近期的工作计划并报领导批准，最后根据计划开展工作”。

问题十一：与上级意见不一致是，你将怎么办？

分析与思路：

1．一般可以这样回答“我会给上级以必要的解释和提醒，在这种情况下，我会服从上级的意见。”

2．如果面试你的是总经理，而你所应聘的职位另有一位经理，且这位经理当时不在场，可以这样回答：“对于非原则性问题，我会服从上级的意见，对于涉及公司利益的重大问题，我希望能向更高层领导反映。”

问题十二：我们为什么要录用你？

分析与思路：

1．应聘者最好站在招聘单位的角度来回答。

2．招聘单位一般会录用这样的应聘者：基本符合条件、对这份工作感兴趣、有足够的信心。

3．参考答案：“我符合贵公司的招聘条件，凭我目前掌握的技能、高度的责任感和良好的适应能力及学习能力 ，完全能胜任这份工作。我十分希望能为贵公司服务，如果贵公司给我这个机会，我一定能成为贵公司的栋梁！”

问题十三：你能为我们做什么？

分析与思路：

1．基本原则是“投其所好”。

2．回答这个问题前应聘者最好能“先发制人”，了解招聘单位期待这个职位所能发挥的作用。

3．应聘者可以根据自己的了解，结合自己在专业领域的优势来回答这个问题。

问题十四："你是应届毕业生，缺乏经验，如何能胜任这项工作？"

分析与思路：

1. 如果招聘单位对应届毕业生的应聘者提出这个问题，说明招聘单位并不真正在乎"经验"，关键看应聘者怎样回答。

2. 对这个问题的回答最好要体现出应聘者的诚恳、机智、果敢及敬业。

3. 参考答案："作为应届毕业生，在工作经验方面的确会有所欠缺，因此在读书期间我一直利用各种机会在这个行业里做兼职。我也发现，实际工作远比书本知识丰富、复杂。但我有较强的责任心、适应能力和学习能力，而且比较勤奋，所以在兼职中均能圆满完成各项工作，从中获取的经验也令我受益匪浅。请贵公司放心，学校所学及兼职的工作经验使我一定能胜任这个职位。"

问题十五："你希望与什么样的上级共事？"

分析与思路：

1. 通过应聘者对上级的"希望"可以判断出应聘者对自我要求的意识，这既是一个陷阱，又是一次机会。

2. 最好回避对上级具体的希望，多谈对自己的要求。

3. 参考答案："作为刚步入社会的新人，我应该多要求自己尽快熟悉环境、适应环境，而不应该对环境提出什么要求，只要能发挥我的专长就可以了。"

问题十六："您在前一家公司的离职原因是什么？"

分析与思路：

1. 最重要的是：应聘者要使招聘单位相信，应聘者在原单位的"离职原因"在此家招聘单位里不存在。

2. 避免把"离职原因"说得太详细、太具体。

3. 不能掺杂主观的负面感受，如"太辛苦""人际关系复杂""管理太混乱""公司不重视人才""公司排斥我们某某的员工"等。但也不能躲闪、回避，如"想换换环境""个人原因"等。

4. 不能涉及自己负面的人格特征，如不诚实、懒惰、缺乏责任感、不随和等。

5. 尽量使解释的理由为应聘者个人形象添彩。

6. 参考答案："我离职是因为这家公司倒闭。我在公司工作了三年多，有较深的感情。从去年始，由于市场形势突变，公司的局面急转直下。到眼下这一步我觉得很遗憾，但还要面对现实，重新寻找能发挥我能力的舞台。" 同一个面试问题并非只有一个答案，而同一个答案并不是在任何面试场合都有效，关键在于应聘者掌握了规律后，对面试的具体情况进行把握，有意识地揣摩面试官提出问题的心理背景，然后投其所好。

以下问题在面试中需特别注意，回答时需要掌握要点。

问题一：为什么你是这份工作的最佳人选？

回答要点：你们需要可以生产出“效益”的人，而我的背景和经验可以证明我的能力，例如：我曾经……

问题二：你有没有创造性？你能不能在压力下工作？

回答要点：回答“是”，并给出一个具体的例子。

问题三：描述一下你自己。

回答要点：列举 3 个自己的性格与成就的具体案例。认真、责任、有计划等。

问题四：你了解我们公司吗？你了解你应聘的这个职位吗？

回答要点：公司的详细情况你应该在公司的招聘信息上看清楚，最好将公司从事的业务和职位的职能及要求刻在脑海里，并在面试前询问一下相关朋友。这样面试时你就可以回答得流利自如。

问题五：你为什么应聘这个职位？（工作经验和学习背景）

回答要点：因为我有胜任这个职位的能力！优势和兴趣爱好使我喜欢这个职位，我将来的发展方向做一个很好的奠基。

问题六：你将来的职业发展方向是什么？

回答要点：面试前做好准备，面试时根据自己的实际情况如实回答，并且要与该职位相符。让对方觉得你会长久在这个行业和职位发展下去。

问题七：谈谈你对钱的看法。

回答要点：钱很重要！企业的存在就是为了创造更多的利润，我希望每个人都能意识到钱的重要性。

问题八：薪水问题。

回答要点：“我们能不能把这个问题放在最后，先看看我能为公司做些什么。”

问题九：你以前工作中遇到的最大困难是什么？你是如何克服的？

回答要点：有时候工作繁重，压力大，客户催得紧，使自己经常处于极度忙碌状态。

问题十：你认为你最大的缺点是什么？

回答要点：同事曾经责怪我对工作要求太高，而实际上通过努力我做到了，而且做得不错。

问题十一：你有女（男）朋友吗？她（他）也在这个城市吗？

回答要点：没有。

特殊问题：对方问你原公司的一些商业机密。

回答要点：无可奉告。

问题十二：你理想中的工作是什么样的？

变形：A．你最喜欢的工作是什么样的？

B．在什么条件下你的工作效率最高？

C．找工作你在乎什么？

目的：了解你的工作价值观，看是否与公司发展现状以及企业文化适应。

回答要点：不要说希望自己在和谐的环境下工作，因为这是靠自己配合去创造的，它还会让人误会你曾经人际关系紧张。

四 实施任务

请按照要求实施如下任务：

1．组织一次专业性模拟面试，学生轮流充当面试官与被面试者；

2．统计面试合格率；

3．总结面试中出现的各种问题以及对应的解决办法。

面试是很多求职者进入职场的一个必要环节，因为求职岗位的不同，面试的方式各有不同，而不管是哪种类型的面试，面试官对求职者的第一印象都非常重要，可能因为某一个细节直接不要你了，也有可能因为你的某一个细节做得很到位，面试官当场决定要定你了。下面这些“奇葩”的面试经历你是否曾经有过？而哪些细节又可能影响你的面试成败呢？来吧，英雄！这就和“奇葩”面试官过两招。

奇葩经历：坐在第一排被录用了

付勇是快要毕业的大学生，得知一家电缆厂在招聘销售人员，认真准备了简历，付勇来到了面试现场。“那次面试是在一个大教室，来了很多人，但同学们进教室后都选择离讲台较远一些的后排坐下了，随后就开始和旁边的同学或者与自己一起来的同学聊了起来。”付勇回忆说。这时前排空荡荡的，而对于平时就喜欢坐在第一排听课的付勇来说，在这样的场合要勇敢坐到第一排也算是个挑战，但她还是决定坐到第一排去。理由很简单：“这样面试老师提出的问题我能听得清楚些。”此时的教室形成了两个极端，第一排一个人，后面直到第四排才开始有同学坐并且也没坐满。

正当大家都在窃窃私语等待面试开始时，面试官说话了，“第一排这位同学，你被录取了。”这让大家都感到有些惊讶甚至不解。录取理由：宣布录取之后，面试官告诉现场的同学，求职者的积极性非常重要，尤其是销售岗位的人员，更应该主动接近我们的目标客户，在面试现场，我们就是求职者的目标客户。就这样，付勇顺利进入了这家公司。

奇葩经历：戴手表直接被录取了

还是那次电缆厂的面试，小薛也是正在找工作的应届毕业生，而平时就喜欢坐后排的小薛在意识到这个面试官可能喜欢张扬高调的求职者时，似乎觉得自己的竞争力一下子弱了许多。但让小薛意想不到的是，接下来的“惊喜”也发生在了自己身上。

“戴手表的同学你们被录取了。”面试官的这句话也让整个教室沸腾了片刻，很多没戴手表的同学只有大眼瞪小眼，看着旁边戴了手表的同学。小薛说，自己平时虽然也用手机看时间，但更愿意通过手表来把控自己的时间，所以几乎任何时候他都带着手表，“这比手机看时间简单直接多了。”小薛说道。

录取理由：面试官的理由是，很多人或多或少都还是有时间观念，但更多的人是通过手机来看时间，而我们认为戴手表的人会更加注重时间安排，尤其对销售岗位的人员来说，有个很强的时间观念是很必要的。

奇葩经历：没打电话问路被录取

“我印象最深的一次面试是那次在离市区较远的一家公司，他们要招的是文秘。”说起那次面试经历，当时还是待业青年的小谭感触颇深。

面试地点被安排在公司的会议室，而要从市区顺利并按时去到那家郊区的公司，这对本就不是本地人的小谭来说已是第一道面试问题了。由于平时面试不多，而且对这家公司也不够了解，小谭开始搜集公司的一些信息，当然包括如何从住所去到公司。

对线路有了清楚地把握后，小谭胸有成竹开始了这次陌生而又熟悉的求职长征。值得庆幸的是，在公司规定的时间内，小谭顺利抵达了公司指定的面试地点，虽然也是提前到，但会议室也已经有两个人了。

正当小谭气喘吁吁站到面试官面前时，面试官的一句话让她一下子平静了下来。“你是唯一一个没有打电话问我们路线的同学，你被录取了。”

录取理由：公司虽然离市区确实有些远，但考生能自己一个人找到并且提前到面试现场，足以说明你对这次面试的重视，而作为一名文秘，有较强的思考能力和对公司积极了解的主动性是非常重要的，面试官补充说道。

奇葩经历：那次我穿得更“女生”一点了

体面合适的穿着打扮是给面试官留下好印象的重要途径，而小罗的这次经历则让她至今难忘。

“那次我去的是一家时尚类的杂志社，我从来不穿正装去面试的，那次面试也没有。”对于平时不太在意打扮的小罗来说，这次面试也挑战了一下自己的心里极限。得知室友要去一家时尚类杂志社面试，小罗宿舍的同学便开始帮她做起了“包装”。

“室友给我化了妆，还让我穿得时尚一些，刚开始有些不适应，但想着也对，要从事这个工作首先得适应这个环境。”在室友的精心包装下，小罗豁出去了。来到面试现场，小罗的穿着打扮在同一批求职中很显眼，很快就引起了面试官们的注意。经过简单的交流，小罗被录用了。

录取理由：“要想做好这份工作首先得喜欢这份工作，而融入这个环境则是非常重要的。”杂志社人力资源负责人解释道：“我们是一家时尚类的杂志社，非常注重求职者的形象气质，恰当的装扮能让我们的员工在客户眼前一亮，从而让工作更顺畅进行。”

奇葩经历：面试被问“人为什么会紧张”

先来介绍一下自己吧？你为什么会选择我们公司？你的薪酬要求是怎样的？……类似这些问题在面试场合我们经常都能遇到，而小王的这次面试，也着实让他记忆深刻。

“其实我的面试经历是很有限的，大学里参加的活动也不多。当时去面试的是一家外企。”小王回忆说。在数位面试官面前的小王显得有些紧张，这时考官发问了，“你觉得人为什么会紧张？”

“我压根儿没想到考官会问这样的问题。”小王说。

沉思几秒钟后，小王回答：我觉得紧张有两种原因，一是不够自信，而另一种是因为把自己当演员，总觉得别人都在看着自己，需要掩饰自己真实的一面而让自己变得不真实，成为一名演员。

“那你觉得你的紧张属于哪一种？”考官追问到。

严格说我的紧张都不是因为那两种情况。我可能是太在乎这份工作了，所以显得格外慎重和认真，我从来不当演员，我就喜欢做真实的自己。

待小王回答完这个问题后，面试官们会意地笑了，随后几个问题的交流也很顺利。

“我们喜欢真诚的求职者，你明天就可以来报到了。”就这样，小王被这家外企录用了。

录取理由：在面试之前，我们常常会忘记“做自己”，为了取悦面试官而去准备各种应对技巧。有的时候，真诚的态度更能打动人，而用人单位也非常渴望看到你的真实模样。

课堂思考与分享

1．面试前应该做些什么样的准备？

2．如何面对面试中的突发问题？

求职面试的交谈原则

应聘者与招聘者交谈应该把握以下“四个度”的原则：

（1）体现高度，在交谈中展示自己的水平。一方面是政治思想水平和强烈的敬业精神；另一方面是专业水平。对问题回答不能满足于“知其然”，还要答出“所以然”。

（2）增强信度，在交谈中展示自己的真诚。首先，态度要诚，交谈不要心不在焉；其次，表达要准，少用“可能”“也许”“大概”等模棱两可的词语；再者，内容要真实，尤其对于自己的优缺点要一分为二，实事求是。

（3）表现风度，在交谈中展示自己的气质。一方面要体现自身的外在美，另一方面更要体现内在气质。言语是一个人内在气质、涵养的外在体现，要注意用自己的语言魅力展示自己。

（4）保持热度，在交谈中展示自己的热情。要注意做到：主动问候，精神饱满，悉心聆听。

求职面试中的交谈技巧

（1）谈话应顺其自然。不要误解话题，不要过于固执，不要独占话题，不要插话，不要说奉承话，不要浪费口舌。

（2）留意对方反应。交谈中很重要的一点是把握谈话的气氛和时机，这就需要随时注意观察对方的反应。如果对方的眼神或表情显示对你所涉及的某个话题已失去了兴趣，应该尽快找一两句话将话题收住。

（3）有良好的语言习惯。不仅是表达流利，用词得当，同样重要的还有说话方式。

——发音清晰。有些人个别音素发音不准，如果影响讲话整体质量的，应少用或不用含有这个音素的字或词。

——语调得体。得体的语调应该是起伏而不夸张，自然而不做作。

——声音自然。音调不高不低，不失自我，不仅听来真切自然，而且有利于缓解紧张情绪。

——音量适中。音量以保持听者能听清为宜。

——语速适宜。要根据内容的重要程度、难易度及对方注意力情况调节语速和节奏。

此外还要警惕容易破坏语言意境的现象，如过分使用语气词、口头语。这不仅有碍于人们的连贯理解，还容易引人生厌。

求职面试中的礼仪技巧

一个人的形象在求职应聘中起着举足轻重的作用。无论求职信写得如何出色，招聘者还是在见到你的那一刻才对你产生第一印象。那么如何设计自己的形象，以取得求职应聘的成功呢？

一、建立印象

（1）遵守时间；

（2）服饰得体；

（3）从容自然；

（4）注意礼节；

（5）面带微笑；

（6）注意倾听；

（7）适度赞同对方；

（8）正确使用态势语言。

二、着装得体

适宜的装扮容易给予招聘者留下良好的印象，也是一种礼貌的行为。面试时的着装应该注意以下几点：

首先，着装必须整洁。无论如何，招聘者不会将一个不修边幅、邋遢不洁的应试者作为首选。整洁意味着你重视这份工作，重视这个单位，也重视你今后代表的企业形象。整洁并不要求过分的花费，却能赢得招聘者的好感。因此一定要挑选洗得干净、熨烫平整的衣服。

其次，着装应当简单大方。面试不是约会，尽可能抛弃各种装饰。如果工作的专业性强或职务较高，在色彩上也应慎重。譬如，你穿着闪光的彩色短T恤和拖地的扎染牛仔裤去应聘一份管理工作，也许你的能力真的合适，但服饰却不禁让招聘者在心里打上大大的问号，成功的希望也就很渺茫了。总之，着装要协调统一，并与所申请的职位相符。

再次，气质美是个人的综合表现。求职者在求职应聘中要力求通过仪表、举止、谈吐形象，充分显示自身所具有的气质特征。

最后，头发的整齐清洁也是非常重要的。

三、礼貌道别

（1）适时告辞。面试不是闲聊，也不是谈判。从某种意义上讲，面试是陌生人之间的沟通。谈话时间的长短要视面试内容而定。招聘者认为该结束面试时，往往会说一些暗示的话语：

——我很感激你对我们公司这项工作的关注。

——谢谢你对我们招聘工作的关心，我们一做出决定就会立即通知你。

——你的情况我们已经了解了。你知道，在做出最后决定之前我们还要面试几位申请人。

求职者听了诸如此类的暗示语之后，就应该主动告辞。

（2）礼貌再见。面试结束时的礼节也是公司考察录用的一个砝码。成功方法在于，首先不要在招聘者结束谈话前表现出浮躁不安、急欲离去的样子。其次，告辞时应感谢对方花时间同你面谈。走时，如果有秘书或接待员接待过你或招待过你的话，也应向他们致谢告辞。报载，一位毕业生来到深圳求职，面试时一番锋芒毕露的自我介绍，结束时抛下声“再见”，连握手也免了，拂袖扬长而去。接待他的招聘者苦笑着摇头：如果说有个性、有锋芒可以容忍的话，那么连基本礼节都不懂的人则“养不起”，也无法与之合作。

面试禁忌

一忌好高骛远，不切实际。找一份理想的职业是每个求职者的愿望，无可厚非。但美好的愿望应根植于自身素质和客观现实之上。审时度势，准确定位是求职成功的关键所在。眼高手低，这山望着那山高是求职之大忌。

二忌妄自菲薄，患得患失。招聘单位所聘岗位和专业很可能与自己所学专业或原从事职业不同，这时你切不可把自己禁锢于原有小天地中守株待兔。只有增强自信，勇于挑战和跨越自我，及时调整自我心态，适应周围环境，才能到达成功的彼岸。

例如：一名毕业生到杂志社应聘编辑一职，出示自己发表过的作品后，又说自己擅长策划，有领导才能，是做编辑部主任的最佳人选，并将杂志现在的办刊方式批驳得一无是处。然而，那位负责招聘的正是编辑部主任，为此，在第一关就把他刷掉了。此例说明，选定要就职的职位，只表现出自己胜任那一职位的能力即可，不要锋芒太露，预先设敌。

三忌盲目应试。要分清单位的性质和对求职者的要求，切不可以应聘企业、公司的准备去进行公务员或教育岗位的面试。

求职面试中的禁忌小动作

求职过程中，面试可以说是压力最大的一个环节。要想在面试中成为胜利者，要做好多方面的准备，就连一些不经意的小动作也不能忽略。

边说话边拽衣角。求职者在面谈时，由于紧张或不适应，无意间会拽衣角或摆弄纽扣。这个小动作很容易让考官看出你的紧张焦虑，给人留下不成熟、浮躁的印象。

跷二郎腿或两手交叉于胸前。不停地轮换交叉双腿，是不耐烦的表现，而一直跷着二郎腿则会让考官觉得你没有礼貌。如果再把两手交叉放在胸前，那就表达出了拒绝或否决的心情。因此，求职时一定要注意坐姿端正，双脚平放，放松心情。

拨弄头发。频繁用手拂拭额前的头发，会透露出你的敏感和神经质，还会令人产生不被尊重的感觉。为避免这种习惯影响到面试的结果，求职者最好将发剪短，这样既显得精神又能避免不经意间拨弄头发。

夸张的肢体动作。面试时适当的手势能帮助你更好地阐释自己的观点，不过动作太过活泼、夸张则会给人留下不稳重的印象。因此，面试时应以平稳、平实的态度为原则。

眼神飘忽。面试时两眼到处乱瞄，容易让主考官觉得这是一位没有安全感、对任何事都不抱有信任感的应试者。最好的方法是面带微笑，眼睛看着谈话者，同时头微微倾斜。

不停地看表。不论是在面谈或与人交谈时，不停地看时间，会让人产生压迫感。因此，求职者要把握好时间，千万不要频繁看表。

求职面试的成功原则

要成功面试，需要掌握以下原则：

1. 你是公司未来的有利资产。你需要传递给企业这个信息：你拥有帮助企业实现预期目标的潜在能力，你是公司的宝贵资产而非包袱。

2. 明确的人生目标。具有积极的自我成长概念，努力进取，并充满旺盛的事业心与斗志，能迅速进入工作状态的人，更易为企业赏识和任用。

3. 强烈的工作意愿。面试时要随时保持对工作的高度热情与兴趣。

4. 与同事、团体合作的能力。一个容易与人沟通协调的求职者可以说已有一半获胜的希望。如果你曾有社团活动的 工作经验，可尽量举例说明，以争取主考官的青睐。

5. 掌握诚恳原则。在录用标准上，“才能”是永恒不变的第一原则，“诚恳”则是重要的辅助因素。面试前准备充分，心情镇定，仪容大方整洁，临场充分表现自我，便是诚恳的最好表现。

例一：文明礼貌是对别人的尊重，是引起别人重视的第一印象。礼貌的具体表现反映在语言和衣着上。在语言上，更多使用“您好”“请多关照”“谢谢”“再见”等。曾经有这样一个典型事例，某公司到某学校选拔学生，学生依次面试，当按姓名叫到一个学生不在时，立即有一位同学去找，去找的这位同学回来后说“对不起，没找到”。负责选拔的总经理当场说，“就凭你这句‘对不起’，你这样的学生我们要了。”

例二：面试时的仪表风度很重要，某公司招聘经理说，招聘者对求职者的印象常常在前 30 秒就已经形成了，所以招聘者们都强调求职者一定要注意自己的着装和精神风貌。以前都认为面试时一定要穿正装，比如男士要西装革履，女士要穿职业装，其实着装主要看公司的风格和职位特点，像一些网络公司着装都比较随意。对于应届毕业生来说，着装不强调西装革履，但一定要整洁干净。

课后作业

课后学生练习，自己对着镜子进行自我介绍，认真观察自己的言行举止等。

书写练习

请在下面的格子里面书写“昨晚多几分钟的准备，今天少几小时的麻烦。”

任务五 诗歌鉴赏

本任务主题描述

中华民族历史悠久，经典文化更是灿若星河，是中华文化的瑰宝。从先秦诸子到唐宋散文；从《诗经》到唐诗、宋词、元曲……这些优秀的文化经典，浓缩了中华五千年的思想精粹，感染熏陶了一代又一代龙的传人，滋养着一代又一代人的心灵。灿烂的中华文化因经典诗文而千古流传，伟大的民族精神靠经典诗文四海传扬，浩然的人间正气凭经典诗文代代传承，精深的汉语文化借经典诗文发扬光大。学一点诗文，有利于陶冶情操，加强修养，丰富思想；诵读优秀诗文，有利于提高欣赏品位和审美情趣；鉴赏经典诗歌，有利于认识中华文化的丰富博大，吸收民族文化智慧。

阅读欣赏部分选编中国古代苏轼的《念奴娇·赤壁怀古》和中国现代诗人徐志摩的《再别康桥》两篇诗歌。

表达交流部分学习的内容是朗诵表演，通过对一些优秀诗歌和散文的朗诵抒发情怀，锻炼学生的胆量及表现力。

本任务知识目标

1．整体感知诗文，了解诗文大意，欣赏诗歌的意境美。

2．学习诗歌的朗诵技巧，体会诗歌朗诵的魅力。

本任务能力目标

1．感受诗歌魅力和文字的精彩。

2．从文字深入了解诗人的写作背景和意义，提炼诗歌中一些精华的思想，起到熏陶作用。

3．掌握朗诵的基本要求和技巧。

本任务情感目标

1．体会诗歌的美和价值。

2．学会正确分析评估自己，树立自信心。

3．学会通过诗文朗诵抒发自己热爱大自然、热爱祖国、热爱人民、勤奋上进、自强不息、顽强拼搏的精神和情怀。

子任务一　学会阅读欣赏——《念奴娇·赤壁怀古》

念奴娇·赤壁怀古

苏轼

1．有感情地阅读作品，从诗词中感受作品豪放的基调。

2．体会作者的情绪变化，分析其变化原因。

3．学会欣赏诗词，掌握诗词这种抒发情怀的写作方法。

4．背诵诗词，并能有感情地诵读。

阅读导航

【作者介绍】

苏轼（1037—1101），北宋文学家、书画家。字子瞻，又字和仲，又称大苏，号东坡居士。眉州眉山（今属四川）人。与父苏洵，弟苏辙合称三苏。他在文学艺术方面堪称全才。其文汪洋恣肆，明白畅达，与欧阳修并称欧苏，为唐宋八大家之一；诗清新豪健，善用夸张比喻，在艺术表现方面独具风格，与黄庭坚并称苏黄；词开豪放一派，对后代很有影响，与辛弃疾并称苏辛；书法擅长行书、楷书，能自创新意，用笔丰腴跌宕，有天真烂漫之趣，与黄庭坚、米芾、蔡襄并称宋四家；画学文同，喜作枯木怪石，论画主张神似。著有《苏东坡全集》和《东坡乐府》等。

【作品介绍】

《念奴娇·赤壁怀古》是苏轼的代表作。从全词看，气魄宏伟，视野阔大，对壮丽河山的赞美，对历史英雄人物的歌颂及怀念，构成了豪放的基调。

这首词抒发了作者对昔日英雄人物的无限怀念和敬仰之情以及词人对自己坎坷人生的感慨之情。“人生如梦”，抑郁沉挫地表达了词人对坎坷身世的无限感慨。“一尊还酹江月”，借酒抒情，思接古今，感情沉郁，是全词余音袅袅的尾声。

苏轼在才俊辈出的宋代，在诗、文、词、书、画等许多方面均取得了登峰造极的成就，是中国历史上少有的文学和艺术天才。

阅读原文

念奴娇·赤壁怀古

北宋·苏轼

大江①东去，浪淘②尽，千古风流人物。故垒③西边，人道是，三国周郎④赤壁。乱石穿空，惊涛拍岸，卷起千堆雪⑤。江山如画，一时多少豪杰。

遥想⑥公瑾当年，小乔⑦初嫁了，雄姿英发⑧。羽扇纶巾⑨，谈笑间，樯橹⑩灰飞烟灭。故国⑪神游，多情应笑我，早生华发⑫。人生⑬如梦，一尊⑭还酹⑮江月。

【注释】

① 大江：指今天的长江。

② 淘：冲洗，冲刷。

③ 故垒：黄州古老的城堡，推测可能是古战场的陈迹。过去遗留下来的营垒。

④ 周郎：周瑜（175—210）字公瑾，庐江舒县（今安徽省庐江县西南）人。东汉末年东吴名将，因其相貌英俊而有“周郎”之称。周瑜精通军事，又精于音律，江东向来有“曲有误，周郎顾”之语。公元208年，孙、刘联军在周瑜的指挥下，于赤壁以火攻击败曹操的军队，此战也奠定了三分天下的基础。公元210年，周瑜因病去世，年仅36岁。安徽庐江有其周瑜墓。

⑤ 雪：比喻浪花。

⑥ 遥想：形容想得很远；回忆。

⑦ 小乔：乔玄的小女儿，生得闭月羞花，琴棋书画样样精通，是周瑜之妻；姐姐大乔为孙策之妻，有沉鱼落雁、倾国倾城之貌。

⑧ 英发：英俊勃发。

⑨ 羽扇纶（guān）巾：手摇动羽扇，头戴纶巾。这是古代儒将的装束，形容周瑜从容娴雅。纶巾：古代配有青丝带的头巾。

⑩ 樯橹：这里代指曹操的水军战船。樯，挂帆的桅杆。橹，一种摇船的桨。

⑪ 故国：这里指旧地，当年的赤壁战场。指古战场。指假战场黄州。

⑫ 华发：花白的头发。华：读 huā（一声），花白义。

⑬ 人生：现有版本作人间。

⑭ 尊：通“樽”，酒杯。

⑮ 酹（lèi）：（古人祭奠）以酒浇在地上祭奠。这里指洒酒酬月，寄托自己的感情。

【翻译】

大江东去，浪淘尽，千古风流人物。

长江朝东流去，千百年来，所有才华横溢的英雄豪杰，都被长江滚滚的波浪冲洗掉了。

故垒西边，人道是，三国周郎赤壁。

那旧营垒的西边，人们说：那是三国时周郎大破曹兵的赤壁。

乱石穿空，惊涛拍岸，卷起千堆雪。

陡峭不平的石壁插入天空，惊人的巨浪拍打着江岸，卷起千堆雪似的层层浪花。

江山如画，一时多少豪杰。

祖国的江山啊，那一时期该有多少英雄豪杰！

遥想公瑾当年，小乔初嫁了，雄姿英发。

遥想当年周公瑾，小乔刚刚嫁了过来，周公瑾姿态雄俊。

羽扇纶巾，谈笑间，樯橹灰飞烟灭。

手里拿着羽毛扇，头上戴着青丝帛的头巾，谈笑之间，曹操的无数战船在浓烟烈火中烧成灰烬。

故国神游，多情应笑我，早生华发。

神游于故国（三国）战场，该笑我太多愁善感了，以致过早地生出白发。

人生如梦，一尊还酹江月。

人的一生就像做了一场大梦，还是把一杯酒献给江上的明月，和我同饮共醉吧！

【赏析】

此词怀古抒情，写自己消磨壮心殆尽，转而以旷达之心关注历史和人生。上阕以描写赤壁矶风起浪涌的自然风景为主，意境开阔博大，感慨隐约深沉。起笔凌云健举，包举有力。将浩荡江流与千古人事并收笔下。

千古风流人物既被大浪淘尽，则一己之微岂不可悲？然而苏轼却另有心得：既然千古风流人物也难免如此，那么一己之荣辱穷达复何足悲叹！人类既如此殊途而同归，则汲汲于一时功名，不免过于迂腐了。接下两句切入怀古主题，专说三国赤壁之事。“人道是”三字下得极有分寸。赤壁之战的故地，争议很大。一说在今湖北蒲圻县境内，已改为赤壁市。但今湖北省内有四处地名同称赤壁者，另三处在黄冈、武昌、汉阳附近。苏轼所言是黄冈赤壁，他似乎也不敢肯定，所以用“人道是”三字引出以下议论。

“乱石”以下五句是写江水腾涌的壮观景象。其中“穿”“拍”“卷”等动词用得形象生动。“江山如画”是写景的总括之句。“一时多少豪杰”则又由景物过渡到人事。

苏轼重点要写的是“三国周郎”，故下阕便全由周郎引发。头五句写赤壁战争。与周瑜的谈笑论战相似，作者描写这么一场轰轰烈烈的战争也是举重若轻，闲笔纷出。从起句的“千古风流人物”到“一时多少豪杰”再到“遥想公瑾当年”，视线不断收束，最后聚焦定格在周瑜身上。然而写周瑜却不写其大智大勇，只写其儒雅风流的气度。

不留意的人容易把“羽扇纶巾”看作是诸葛亮的代称，因为诸葛亮的装束素以羽扇纶巾著名。但在三国之时，这是儒将通常的装束。宋人也多以“羽扇”代指周瑜，如戴复古《赤壁》诗云：“千载周公瑾，如其在目前。英风挥羽扇，烈火破楼船。”

苏轼在这里极言周瑜之儒雅淡定，但感情是复杂的。“故国”两句便由周郎转到自己。周瑜破曹之时年方三十四岁，而苏轼写作此词时年已四十七岁。孔子曾说：“四十五十而无闻焉，斯亦不足畏也已。”苏轼从周瑜的年轻有为，联想到自己坎坷不遇，故有“多情应笑我”之句，语似轻淡，意却沉郁。但苏轼毕竟是苏轼，他不是一介悲悲戚戚的寒儒，而是看破世间宠辱的智者。所以他在察觉到自己的悲哀后，不是像南唐后主李煜那样的沉溺苦海，自伤心志，而是把周瑜和自己都放在整个江山历史之中进行观照。在苏轼看来，当年潇洒从容、声名盖世的周瑜现今又如何呢？不是也被大浪淘尽了吗。这样一比，苏轼便从悲哀中超脱了。“人生到处知何似，应似飞鸿踏雪泥。泥上偶然留指爪，鸿飞哪复计东西。”(《和子由渑池怀旧》）。所以苏轼在与周瑜作了一番比较后，虽然也看到了自己的政治功业无法与周瑜媲美，但上升到整个人类的发展规律和普遍命运，双方其实也没有什么大的差别。有了这样深沉的思索，遂引出结句“人间如梦，一樽还酹江月”的感慨。正如他在《西江月》词中所说的那样：“世事一场大梦，人生几度秋凉。”消极悲观不是人生的真谛，超脱飞扬才是生命的壮歌。既然人间世事恍如一梦，何妨将樽酒洒在江心明月的倒影之中，脱却苦闷，从有限中玩味无限，让精神获得自由。其同期所做的《赤壁赋》于此说得更为清晰明断：惟江上之清风，与山间之明月，耳得之而为声，目遇之而成色。取之不尽，用之不竭，是造物者之无尽藏也，而吾与子之所共适也。这种超然远想的文字，宛然是《庄子·齐物论》思想的再现。但庄子以此回避现实，苏轼则以此超越现实。

黄州数年是苏轼思想发生转折的时期，也是他不断走向成熟和睿智的时期，他以此保全自己的岸然人格，也以此养护自己纯挚纯挚的精神。这首《念奴娇》词及其作于同一时期的数篇诗文，都为我们透示了其中的端倪。

此词自问世后，经历了两种截然不同的命运，誉之者如胡仔《苕溪渔隐丛话》称其“语意高妙，真古今绝唱”。贬之者如俞文豹《吹剑续录》所云：“东坡在玉堂，有幕士善讴。因问：‘我词比柳七何如？’对曰：‘柳郎中词，只好合十七八女孩儿，执红牙板，歌“杨柳岸晓风残月”。学士词，须关西大汉，执铁板，唱“大江东去”。’

公为之绝倒。”幕士的言论表面上是从演唱风格上区分了柳、苏二家词风的不同，但暗含有对苏词背离传统词风的揶揄。清代更有人认为此词“平仄句调都不合格”（丁绍仪《听秋声馆词话》），朱彝尊《词综》并详加辩证，亦可谓吹毛求疵者。

【点评】

《念奴娇·赤壁怀古》是苏轼贬官黄州后的作品。苏轼21岁中进士，30岁以前绝大部分时间过着书房生活，仕途坎坷，随着北宋政治风浪，几上几下。43岁（元丰二年）时因作诗讽刺新法，被捕下狱，出狱后贬官为黄州团练副使。这是个闲职，他在旧城营地辟畦耕种，游历访古，政治上失意，滋长了他逃避现实和怀才不遇的思想情绪，但由于他豁达的胸怀，在祖国雄伟的江山和历史风云人物的激发下，借景抒情，写下了一系列脍炙人口的名篇，此词为其代表。

《念奴娇·赤壁怀古》词分上下两阕。上阕咏赤壁，下阕怀周瑜，并怀古伤己，以自身感慨作结。作者吊古伤怀，想古代豪杰，借古传颂英雄业绩，思自己遭受之挫折。不能建功立业，壮志难酬，词作抒发了他内心忧愤的情怀。

上阕咏赤壁，着重写景，为描写人物作烘托。前三句不仅写出了大江的气势，而且把千古英雄人物都概括进来，表达了对英雄的向往之情。假借“人道是”以引出所咏的人物。“乱”“穿”“惊”“拍”“卷”等词语的运用，精妙独到地勾画了古战场的险要形势，写出了它的雄奇壮丽景象，从而为下片所追怀的赤壁大战中的英雄人物渲染了环境气氛。

下阕着重写人，借对周瑜的仰慕，抒发自己功业无成的感慨。写“小乔”在于烘托周瑜才华横溢、意气风发，突出人物的风姿，中间描写周瑜的战功意在反衬自己的年老无为。“多情”后几句虽表达了伤感之情，但这种感情其实正是词人不甘沉沦，积极进取，奋发向上的表现，仍不失英雄豪迈本色。

用豪壮的情调书写胸中块垒。

诗人是个旷达之人，尽管政治上失意，却从未对生活失去信心。这首词就是他这种复杂心情的集中反映，词中虽然书写失意，然而格调是豪壮的，与失意文人的同主题作品显然不同。词作中的豪壮情调首先表现在对赤壁景物的描写上。长江的非凡气象，古战场的险要形势都给人以豪壮之感。周瑜的英姿与功业无不让人艳羡。

【解析】

这首词中作者要塑造的人物形象是周瑜，却从“千古风流人物”说起，由此引出赤壁之战时的“多少豪杰”，最后才集中为周瑜一人，突出了周瑜在作者心中的重要地位。词中有两种映衬：一种是实景和虚景相互映衬，另一种是周瑜的“雄姿英发”和作者的“早生华发”相互映衬。

用“大江东去”四字来雄视千古，自古以来，无人超越。它极简洁、质朴却又气象宏大，声势极豪壮，并且富含哲理，把读者带到千古兴亡的历史氛围之中，抒发了诗人对往昔英雄人物的无限怀念，这是其他诗人所无法比拟的。

《念奴娇·赤壁怀古》一词在写作方法上的主要特点是结合写景和怀古来抒发感情。如上半阕对赤壁的描写和赞美，寓情于景，情景交融。下半阕刻画周瑜形象倾注了作者对历史英雄的敬仰。最后借“一樽还酹江月”表达自己的感慨。全词意境开阔，感情奔放，语言也非常生动形象。

“大江东去，浪淘尽、千古风流人物”：起笔颇有气势，从长江着笔，巨大的空间；千古风流人物，广阔的历史时空，无数的英雄豪杰；将此二者联系起来，组成一个极为辽阔悠久的时空背景；浪淘尽，历史长河的冲刷。是悲哀，也是一种通脱，通古今而观之的气度。

“故垒西边，人道是，三国周郎赤壁”：如果说前边是一个气势非凡的大场景，那么，此时出现的则是一个细致精确的小场景，作为三国古战场的赤壁究竟在何处，历来众说纷纭，但可以确定的是苏东坡所写之赤壁与历史上赤壁之战的赤壁绝非一处，对此，东坡有自知之明，因此在此处点出“赤壁”在西。此句在文中作用极大，既吻合主题，又为下阕缅怀周公瑾预伏一笔。

“乱石穿空，惊涛拍岸，卷起千堆雪”：集中写出赤壁雄奇壮阔的景色：陡峭的山崖散乱地高插云霄，汹涌的骇浪猛烈地搏击着江岸，滔滔的江流卷起千万堆澎湃的雪浪。从不同角度的生动描写，一扫平庸萎靡的气氛，顿时把读者带进一个奔马轰雷、惊心动魄的奇险境界，使人心胸为之开阔，精神为之振奋。这首词是元丰五年（1082）七月苏轼谪居黄州时作。上阕咏赤壁，下阕怀周瑜，最后以自身感慨作结。起笔高唱入云，气势足与“黄河之水天上来”相媲美，而且意境壮阔，在空间上与时间上都得到极度拓展。江山、历史、人物一齐涌出，以万古心胸引出怀古思绪。接着借“人道是”疑似之言，把江边故垒和周郎赤壁挂上了钩。“乱石崩云”三句正面写赤壁景色，惊心骇目。词中把眼前的乱山大江写得雄奇险峻，渲染出古战场的气氛和声势。对于周瑜，苏轼特别欣赏他少年功名、英气勃勃。“小乔初嫁”看似闲笔，而且小乔初嫁周瑜在建安三年，远在赤壁之战前十年。特意插入这一句，更显得周瑜少年英俊，春风得意。词也因此豪放而不失风情，刚中有柔，与篇首“风流人物”相应。“羽扇纶巾”三句写周瑜的战功，也很特别。周瑜身为主将却并非兵戎相见，而是羽扇便服，谈笑风生。写战争一点不渲染士马金鼓的战争气氛，只着笔于周瑜的从容潇洒，指挥若定，这样写法更能突出他的风采和才能。苏轼这一年四十七岁了，不但功业未成，反而戴罪黄州，同三十左右就功成名就的周瑜相比，不禁深自感愧。壮丽江山，英雄业绩，激起苏轼豪迈奋发的感情，也加深了他的内心苦闷和思想矛盾。故从怀古归到伤己，自叹“人生如梦”，举杯同江上清风、山间明月一醉消愁了。这首怀古词兼有感奋和感伤两重色彩，但篇末的感伤色彩掩盖不了全词的豪迈气派。词中写江山形胜和英雄伟业，在苏轼之前从未成功地出现过。因此这首《念奴娇》历来被看作苏轼豪放词的代表作。不但词的气象境界凌厉无前，而且大声铿锵。

苏轼的词，不论内容和形式，都不那么拘于一格。有时放笔直书，便成为“曲子中缚不住”的“句读不葺之诗”；有些从内容看也颇为平凡。正如泥沙俱下的长江大河，不是一道清澈流水。但正因如此，才能显出江河的宏大气势。人们可以如此这般地挑剔它，却总是无法否定它。

苏轼这首《念奴娇·赤壁怀古》，无疑是宋词中的精品。立足点如此之高，写历史人物又如此精妙，不但词坛罕见，在诗国也是不可多得的。

他一下笔就高视阔步，气势浑雄：“大江东去，浪淘尽、千古风流人物”——细想万千年来，历史上出现过多少英雄人物，他们何尝不煊赫一时，俨然是时代的骄子。谁不赞叹他们的豪杰风流，谁不仰望他们的姿容风采！然而，“长江后浪推前浪”，随着时光的不断流逝，随着新陈代谢的客观规律，如今回头一看，那些“风流人物”当年的业绩，好像给长江浪花不断淘洗，逐步淡漠，逐步褪色，终于，变成历史的陈迹了。

“浪淘尽”——真是既有形象，更能传神。但更重要的是作者一开头就抓住历史发展的规律，高度凝练地写出历史人物在历史长河中所处的地位，真是“高屋建瓴”，先声夺人。令人不能不惊叹。

“故垒西边，人道是，三国周郎赤壁”——上面已泛指“风流人物”，这里就进一步提出“三国周郎”作为一篇的主脑，文章就由此生发开去。

“乱石崩云，惊涛裂岸，卷起千堆雪”——这是现场写景，必不可少。一句说，乱石像崩坠的云；一句说，惊涛像要把堤岸撕裂；由于乱石和惊涛搏斗，无数浪花卷成了无数的雪堆，忽起忽落，此隐彼现，蔚为壮观。

“江山如画，一时多少豪杰”——“如画”是从眼前景色得出的结论。江山如此秀美，人物又是一时俊杰之士。这长江，这赤壁，岂能不引起人们怀古的幽情？于是，由此便逗引出下面一大段感情的抒发了。

“遥想公瑾当年，小乔初嫁了，雄姿英发”——作者在这里单独提出周瑜来，作为此地的代表人物，不仅因为周瑜在赤壁之战中是关键性人物，更含有艺术剪裁的需要在内。

请看，在“公瑾当年”后面忽然接上“小乔初嫁了”，然后再补上“雄姿英发”，真像在两座悬崖之间，横架一道独木小桥，是险绝的事，又是使人叹绝的事。说它险绝，因为这里原插不上小乔这个人物，如今硬插进去，似乎不大相称。所以确是十分冒险的一笔。说它又使人叹绝，因为插上了这个人物，真能把周瑜的风流俊雅极有精神地描画出来。从艺术角度来说，真乃传神之笔。那传神之处，绝不是用别的句子能够饱满地表现的。

“羽扇纶巾”——这四个字，充分显示周瑜的风度优雅，是“小乔初嫁了”的进一步勾勒和补充。

“故国神游，多情应笑我，早生华发”——从这里就转入对个人身世的感慨。“故国神游”，是说三国赤壁之战和那些历史人物，引起了自己许多感想——好像自己的灵魂向远古游历了一番。“多情”，是嘲笑自己的自作多情。由于自作多情，难免要早生华发（花白的头发），所以只好自我嘲笑一番了。在这里，作者对自己无从建立功业，年纪又大了——对比起周瑜破曹时只有三十四岁，仍然只在赤壁矶头怀古高歌，不能不很有感慨了。

“人生如梦，一尊还酹江月”——于是只好旷达一番。反正，过去“如梦”，现在也是“如梦”，还是拿起酒杯，向江上明月浇奠，表示对它的敬意，也就算了。这里用“如梦”，正好回应开头的“浪淘尽”。因为风流人物不过是“浪淘尽”，人间也不过“如梦”。又何必不旷达，又何必过分执着呢！这是苏轼思想上长期潜伏着的、同现实世界表现离心倾向的一道暗流。阶级的局限如此，在他的一生中，常常无法避免而不时搏动着。

综观整首词，说它很是昂扬积极，并不见得；可是它却告诉我们，词绝不是只能在酒边花间做一名“奴隶”的。这就是一个重大的突破，也是划时代的进展。

小试牛刀

1．从内容来看，这首词是苏轼在谪居黄州时写的。词中借咏史抒发了作者怎样的思想感情？是怎样抒发这种感情的？

2．从表现手法来看有什么特点？

3．苏轼为什么自嘲“多情”？如何理解“人生如梦，一尊还酹江月”？

4．“遥想公瑾当年”和“雄姿英发”之间，特地加上“小乔初嫁了”，表现周瑜当年的什么风采？

5．简要分析上阕景物描写的作用。

6．作者描写周瑜的英雄业绩，主要运用了什么手法，请简要分析。

7．请从感奋、感伤以及二者的关系对这首词的感情基调进行简要分析。

《念奴娇·赤壁怀古》朗诵技巧

整首词的基调，自豪，陶醉，敬佩。第一句;有一种感叹，回忆之感。所以要陶醉，“千古风流人物”，要稍微重度，但是注意缓慢，把调子提上去。

第二句：抒情，平淡，缓慢。

第三句：快，有节奏感。把气势读出来。“穿”“惊涛”“千堆雪”重读。记住要读出霸气。

第四句：降调，轻柔。

第五句：“遥想公瑾当年，小乔初嫁了”。平和。“雄姿英发”，加重感情，读出你崇拜你偶像的感觉。

第六句：“羽扇纶巾，谈笑间”，轻松点。在“谈笑间”的尾音上加重。加点神秘色彩。“樯橹灰飞烟灭”，要快点。情感有一次上升。

第七句：是神游之感，有点不知不觉的逝去。要读得空旷些。

最后一句：缓慢抒情。收尾。

请同学们根据本诗词的朗诵技巧反复阅读诗词，直至能够自如有感情地吟诵，并且在全班开展个人或者小组诵读诗词比赛。

长恨歌

唐·白居易

汉皇重色思倾国，御宇多年求不得。
杨家有女初长成，养在深闺人未识。
天生丽质难自弃，一朝选在君王侧。
回眸一笑百媚生，六宫粉黛无颜色。
春寒赐浴华清池，温泉水滑洗凝脂。
侍儿扶起娇无力，始是新承恩泽时。
云鬓花颜金步摇，芙蓉帐暖度春宵。
春宵苦短日高起，从此君王不早朝。

承欢侍宴无闲暇，春从春游夜专夜。
后宫佳丽三千人，三千宠爱在一身。
金屋妆成娇侍夜，玉楼宴罢醉和春。
姊妹弟兄皆列土，可怜光彩生门户。
遂令天下父母心，不重生男重生女。
骊宫高处入青云，仙乐风飘处处闻。
缓歌谩舞凝丝竹，尽日君王看不足。
渔阳鼙鼓动地来，惊破霓裳羽衣曲。
九重城阙烟尘生，千乘万骑西南行。
翠华摇摇行复止，西出都门百余里。
六军不发无奈何，宛转蛾眉马前死。
花钿委地无人收，翠翘金雀玉搔头。
君王掩面救不得，回看血泪相和流。
黄埃散漫风萧索，云栈萦纡登剑阁。
峨眉山下少人行，旌旗无光日色薄。
蜀江水碧蜀山青，圣主朝朝暮暮情。
行宫见月伤心色，夜雨闻铃肠断声。
天旋地转回龙驭，到此踌躇不能去。
马嵬坡下泥土中，不见玉颜空死处。
君臣相顾尽沾衣，东望都门信马归。
归来池苑皆依旧，太液芙蓉未央柳。
芙蓉如面柳如眉，对此如何不泪垂。
春风桃李花开日，秋雨梧桐叶落时。
西宫南内多秋草，落叶满阶红不扫。
梨园弟子白发新，椒房阿监青娥老。
夕殿萤飞思悄然，孤灯挑尽未成眠。
迟迟钟鼓初长夜，耿耿星河欲曙天。
鸳鸯瓦冷霜华重，翡翠衾寒谁与共。
悠悠生死别经年，魂魄不曾来入梦。
临邛道士鸿都客，能以精诚致魂魄。
为感君王辗转思，遂教方士殷勤觅。
排空驭气奔如电，升天入地求之遍。

上穷碧落下黄泉，两处茫茫皆不见。
忽闻海上有仙山，山在虚无缥缈间。
楼阁玲珑五云起，其中绰约多仙子。
中有一人字太真，雪肤花貌参差是。
金阙西厢叩玉扃，转教小玉报双成。
闻道汉家天子使，九华帐里梦魂惊。
揽衣推枕起徘徊，珠箔银屏迤逦开。
云鬓半偏新睡觉，花冠不整下堂来。
风吹仙袂飘飖举，犹似霓裳羽衣舞。
玉容寂寞泪阑干，梨花一枝春带雨。
含情凝睇谢君王，一别音容两渺茫。
昭阳殿里恩爱绝，蓬莱宫中日月长。
回头下望人寰处，不见长安见尘雾。
唯将旧物表深情，钿合金钗寄将去。
钗留一股合一扇，钗擘黄金合分钿。
但教心似金钿坚，天上人间会相见。
临别殷勤重寄词，词中有誓两心知。
七月七日长生殿，夜半无人私语时。
在天愿作比翼鸟，在地愿为连理枝。
天长地久有时尽，此恨绵绵无绝期。

书写练习

请在下面的格子里面书写“采菊东篱下，悠然见南山。”

子任务二　学会阅读欣赏——《再别康桥》

子任务二　学会阅读欣赏——《再别康桥》

再别康桥

徐志摩

有的放矢

1. 反复吟诵，深刻体会诗语所蕴含的思想感情。
2. 学习鉴赏诗歌的手法，能够在自我和诗人间构建一个心灵通道。
3. 尝试用诗歌来表达自己对世间物象的认识和情感。

阅读导航

【作者简介】

徐志摩（1897 年 1 月 15 日—1931 年 11 月 19 日），现代诗人、散文家。原名章垿，字槱森，留学英国时改名志摩。新月派代表诗人。先后就读于上海沪江大学、天津北洋大学和北京大学。1918 年赴美留学学习经济，1921 年赴英国留学，入剑桥大学当特别生，研究政治经济学。在剑桥两年深受西方教育的熏陶以及欧美浪漫主义和唯美派诗人的影响。1923 年成立新月社。1924 年任北京大学教授。1926 年任光华大学、大夏大学和南京大学教授。1930 年辞去了上海和南京的职务，应胡适之邀，再度任北京大学教授，兼北京女子师范大学教授。1931 年 11 月 19 日因飞机失事罹难。代表作品有《再别康桥》《翡冷翠的一夜》等。

【作品介绍】

此诗写于 1928 年 11 月 6 日，初载 1928 年 12 月 10 日《新月》月刊第 1 卷第 10 号，署名徐志摩。康桥，即英国著名的剑桥大学所在地。1920 年 10 月—1922 年 8 月，诗人曾游学于此。康桥时期是徐志摩一生的转折点。诗人在《猛虎集·序文》中曾经自陈道：在 24 岁以前，他对于诗的兴味远不如对于相对论或民约论的兴味。正是康河的水，开启了诗人的心灵，唤醒了久蛰在他心中的诗人的天命。因此他后来曾满怀深情地说："我的眼是康桥教我睁的，我的求知欲是康桥给我拨动的，我的自我意识是康桥给我胚胎的。"

此诗作于徐志摩第三次欧洲游学的归国途中。时间是 1928 年 11 月 6 日，地点是中国上海。7 月底的一个夏天，他在英国哲学家罗素家中逗留一夜之后，事先谁也没有通知，一个人悄悄来到康桥找他的英国朋友。遗憾的是他的英国朋友一个也不在，只有他熟悉的康桥在默默等待他，一幕幕过去的生活图景，又重新在他的眼前展现……由于他时间比较紧急，又赶着要去会见另一个英国朋友，故未把这次感情活动记录下来。直到他乘船离开马赛的归国途中，面对汹涌的大海和辽阔的天空，才展纸执笔，记下了这次重返康桥的切身感受。

阅读原文

轻轻的我走了，
正如我轻轻的来；
我轻轻的招手，
作别西天的云彩。

那河畔的金柳，
是夕阳中的新娘；
波光里的艳影，
在我的心头荡漾。

软泥上的青荇[①]，
油油的在水底招摇[②]；
在康河的柔波里，
我甘心做一条水草！

那榆荫下的一潭，
不是清泉，是天上虹；
揉碎在浮藻间，
沉淀着彩虹似的梦。

寻梦？撑一支长篙[③]，
向青草更青处漫溯[④]；
满载一船星辉，
在星辉斑斓里放歌。

但我不能放歌，
悄悄是别离的笙箫；
夏虫也为我沉默，
沉默是今晚的康桥！

悄悄的我走了，
正如我悄悄的来；
我挥一挥衣袖，
不带走一片云彩。

字词注释：

① 青荇（xìng）：多年生草本植物，叶子略呈圆形，浮在水面，根生在水底，花黄色。

② 招摇：这里有“逍遥”之意。

③ 篙（gāo）：用竹竿或杉木等制成的撑船工具。

④ 溯（sù）：逆着水流的方向走。

【诗歌赏析】

这首《再别康桥》全诗共七节，每节四行，每行两顿或三顿，不拘一格而又法度严谨，韵式上严守二、四押韵，抑扬顿挫，朗朗上口。这优美的节奏像涟漪般荡漾开来，既是虔诚的学子寻梦的跫音，又契合着诗人感情的潮起潮落，有一种独特的审美快感。七节诗错落有致地排列，韵律在其中徐行缓步地铺展，颇有些“长袍白面，郊寒岛瘦”的诗人气度。可以说，正体现了徐志摩的诗美主张。

《再别康桥》是一首写景的抒情诗，其抒发的情感有三：留恋之情、惜别之情和理想幻灭后的感伤之情。

“轻轻的我走了，正如我轻轻的来，我轻轻的招手，作别西天的云彩。”这节诗可用几句话来概括：舒缓的节奏，轻盈的动作，缠绵的情意，同时又怀着淡淡的哀愁。最后的“西天的云彩”，为后面的描写布下了一笔绚丽的色彩，整个景色都是在夕阳映照下的景物。所以这节诗为整首诗定下了一个基调。

“那河畔的金柳，是夕阳下的新娘，波光里的艳影，在我心头荡漾。”这节诗实写的是康河的美，同时，柳树在古诗里“柳”——“留”，留别有惜别的含义，它给诗人留下了深刻的印象，多少的牵挂用“在我心头荡漾”，把牵挂表现得非常形象。他运用的手法是比拟（拟人、拟物）。这节与第三节诗联系紧密：“软泥上的青荇，油油的在水底招摇；在康桥的柔波里，我甘做一条水草。”第三节诗突出了康河的明静和自由自在的状况，自由、美正是徐志摩所追求的。同时表现一种爱心，那水草好像在欢迎着诗人的到来。还有，它并没有完全脱离中国诗歌的意境，它和中国的古诗有相同的地方，就是物我合一。第二节是化客为主，第三节是移主为客，做到两相交融，物我难忘。这两句诗正好表现出徐志摩和康桥的密切关系。这就是所谓的：确定了理想，步入了诗坛，美妙的风光中，抒发自己的情感。三者是紧密地联系在一起的，通过具体的形象，来表达自己的感情。

第四节是转折点："那榆荫下的一潭，不是清泉，是天上虹；揉碎在浮藻间，沉淀着彩虹似的梦。"这节诗运用了虚实结合的手法，"实"是景物的描写，"虚"是象征手法的运用。一潭水很清澈，霞光倒映下来，"不是清泉，是天上虹"，一片红光，是实写。但是，潭水上漂了很多的水藻，挡住了一部分霞光，零零碎碎的，有的红，有的绿，好像柔水一般，非常形象。这个"揉"字写得很好，同时也是自己梦想的破灭。闻一多先生纪念他的长女夭折时写了一首诗，曾用了一个比喻："像夏天里的一个梦，像梦里的一声钟。"说明梦境是美好的，钟声是悠扬的，然而是短暂的，所以彩虹似的梦似美丽而短暂的。1927 年徐志摩的梦想破灭了，又与陆小曼不和，很消沉。

第五节，"寻梦？撑一支长篙，向青草更青处慢溯，满载一船星辉，在星辉斑斓里放歌。"这节诗是徐志摩对往昔生活的回忆、留恋。他在康桥生活了两年。他那时有自己的理想，生活是充实的，对明天怀着希望。所以，他用"一船星辉"来比喻那时的生活，带有象征的意味。

过去的已经成为历史，回到现实仍然是哀伤，所以"悄悄是离别的笙箫，夏虫也为我沉默，沉默是今晚的康桥。"这第六节诗是情感的高潮，充分表现了徐志摩对康桥的情感，集中表现了离别的惆怅。这节诗就需要联系别的诗，包括古诗来理解。"悄悄是离别的笙箫"是暗喻的手法。例如，苏轼的《前赤壁赋》中描述了箫声是低沉的哀怨的，而笛声是欢悦的，所以"箫"来比喻"悄悄"来说明诗人的心境，因此，"悄悄"的动作带有诗人的感情，接着"夏虫也为我沉默，沉默是今晚的康桥。诗歌讲究精练，一再重复"沉默""悄悄""轻轻"，是强调重点，并不是浪费语言。

其实"沉默"是人的最深的感情。例如，柳永的《雨霖铃·寒蝉凄切》中的语句"执手相看泪眼，竟无语凝噎"，再如苏轼的词《江城子·乙卯正月二十日夜记梦》"十年生死两茫茫"，他回忆他的妻子王弗死后的十年，回忆他们相见的时候"相顾无言，唯有泪千行"。"此处无声胜有声"，还有李白的《黄鹤楼送孟浩然之广陵》："故人西辞黄鹤楼，烟花三月下扬州"使用反衬手法，三月春光明媚，百花盛开，可惜好友欲离我而去。如"感时花溅泪，恨别鸟惊心"，下两句"孤帆远影碧空尽，唯见长江天际流"。"意在言外，旨在象内"。"不着一字，尽得风流"往往用在评价诗，意思诗不说愁，却把愁表现得最为恰当，看着朋友走掉，长久孤立地站着，表现感情的深厚。如王国维说的“一切景语皆情语”，“写景即抒情”。所以“唯见长江天际流”有很深长的意蕴，又如李煜的“问君能有几多愁，恰似一江春水向东流”，都是这样的好诗词。说沉默时感情最深，就像生活中的例子，感情最深的表达时机、船都已走了，但送别的人伫立不动，若有所思。结合句中“沉默是今晚的康桥”，康桥尚且如此，诗人何以堪？实际反衬了诗人对康桥的感情非常深厚，因此，“悄悄”就带着诗人的主观感情了。

第七节：“悄悄的我走了，正如我悄悄的来，挥一挥衣袖，不带走一片云彩。”“云彩”有象征意味，代表彩虹似的梦，它倒映在水中，但并不带走，因此再别康桥不是和他母校告别，而是和给他一生带来最大变化的康桥文化的告别，是再别康桥理想。

《再别康桥》这首诗充分体现了新月诗派的“三美”，即绘画美、建筑美、音乐美。音乐美是徐志摩最强调的，其中第一句和最后一句是反复的，加强节奏感，且其中的词是重叠的，例如“悄悄”“轻轻”“沉默”，再者每句诗换韵，因为感情是变化的，所以不是一韵到底的。再是音尺，“轻轻的我走了”，三字尺，一字尺，二字尺，符合徐志摩活泼好动的性格，再是押韵。所谓建筑美，一、三句诗排在前面，二、四句诗低格排列，空一格错落有致，建筑有变化；再者一、三句短一点，二、四句长一点，显出视觉美，音乐是听觉，绘画是视觉，视觉美与听觉美融通，读起来才会感觉好。再谈到绘画美即是词美，如“金柳”“柔波”“星辉”“软泥”“青荇”这些形象具有色彩，而且有动态感和柔美感。

这三者结合起来，徐志摩追求“整体当中求变化，参差当中求异”，显示出新月似的特点和个性，概括为：柔美幽怨的意境，清新飘逸的风格。

这首诗表现出诗人高度的艺术技巧。诗人将具体景物与想象糅合在一起构成诗的鲜明生动的艺术形象，巧妙地把气氛、感情、景象融汇为意境，达到景中有情，情中有景。诗的结构形式严谨整齐，错落有致。全诗七节，每节四行，组成两个平行台阶；一、三行稍短，二、四行稍长，每行六至八字不等，诗人似乎有意把格律诗与自由诗二者的形式糅合起来，使之成为一种新的诗歌形式，富有民族化，现代化的建筑美。诗的语言清新秀丽，节奏轻柔委婉，和谐自然，伴随着情感的起伏跳跃，犹如一曲悦耳徐缓的散板，轻盈婉转，拨动着读者的心弦。诗人闻一多 20 世纪 20 年代曾提倡现代诗歌的“音乐的美”“绘画的美”“建筑的美”，《再别康桥》一诗，可以说是“三美”具备，堪称徐志摩诗作中的绝唱。

小试牛刀

1. “波光里的艳影”一句中的“艳影”改为“倒影”好不好，为什么？“油油的在水底招摇”一句中“招摇”是什么意思？

2. 诗的第一节和最后一节，前后呼应，回环往复，这样写对表达主题有什么作用？

3. 《再别康桥》是徐志摩的名篇之一，多年来为人们所欣赏，请从中举例简析诗歌融情于景的特点。

离别时，请好好告别

海子说：“我们最终都要远行，最终都要与稚嫩的自己告别，告别是通向成长的苦行之路”。“我和谁都不争，和谁争我都不屑，我的双手烤着生命之火取暖，火萎了，我也准备走了”，这是杨绛先生，平静超然的和这个世界告别。

好像这世间所有的文字，千年百年都在做着同一篇文章，那就是：生离死别。

人这一生早晚都会遭遇告别。你是否也经历了无数的告别？亲人的离去，恋人分开，朋友的分别，或许只有经历过后才能体会到那种离别的伤痛吧。

有时候一些人一些事就这么明明灭灭地刻在沿途的风景中。于是我们学会了安稳、学会了谎言、学会了冷静、学会了沉默、学会了坚忍；辗转中的快乐在百转千回中碎成一地琉璃，站在风中把它们扫进心底最最深处的角落，从此再也没有关系。

告别总是难免的。但告别让我们成长，学会告别让我们成熟；无论是主动地选择，还被动的面对，告别多少都会有一些伤感；但告别也蕴含着希望，每一段告别的背后都有那快乐、感动或者痛苦的故事，也正是一段一段的告别，才构成了人生百态。

所以，对于告别，请坦然面对吧。

热爱生命

汪国真

我不去想，
是否能够成功，
既然选择了远方，
便只顾风雨兼程。
我不去想，

能否赢得爱情，
既然钟情于玫瑰，
就勇敢地吐露真诚。
我不去想，
身后会不会袭来寒风冷雨，
既然目标是地平线，
留给世界的只能是背影。
我不去想，
未来是平坦还是泥泞，
只要热爱生命，
一切，都在意料之中。

书写练习

请在下面的格子里面书写“读书百遍，其义自见。”

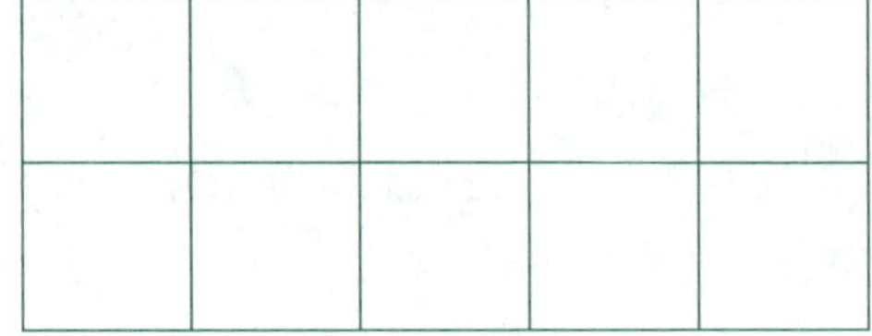

子任务三　学会表达交流——诗歌朗读

一　学习引导

朗诵是一种口语交际的重要形式和传情艺术，是朗诵者把文字作品转化为有声语言的再创作，再表达的艺术活动。诗朗诵就是朗诵者用清晰的语言，洪亮的声音，优美的体态，引入的动作把原诗歌作品有感情地向听众表达出来，以传达诗歌的思想内容，以引起听众的共鸣。也称为诗歌朗诵。朗诵不仅可以提高阅读能力，增强艺术鉴赏，更为重要的是，通过朗诵，大者可以陶冶性情，开阔胸怀，文明言行，增强理解；小者，可以有效地培养对语言词汇细致入微的体味能力，以及确立口语表述最佳形式的自我鉴别能力。因此，要想成为口语表述与交际的高手，就不能漠视朗诵。

课堂活动：

1. 教师播放经典诗歌朗诵视频，让学生体会朗诵之美。
2. 请同学主动将苏轼的《念奴娇·赤壁怀古》再声情并茂地朗诵一遍。

教师总结

亲爱的同学们，朗诵绝不仅是一门技术，更是一门艺术。希望每一位同学都能感受到朗诵的魅力。我相信：只要大家努力学习，注意积累，一定能成为出色的朗诵家。

二　学习情景

某职业学校毕业生林亚平到了单位报到，单位为新人们准备了一个迎新晚会，晚会上要求新人必须进行才艺展示以让加深了解和认识。这可难坏了林亚平，他一不会唱歌，二不会跳舞，三不会乐器，为难之际突然想起在学校读书时老师说过的话：朗诵也是一种才艺，你只要把你的感情融入进去了，加上标准的普通话、适当的手势、神态、表情等，你一样能够获得掌声。于是林亚平就精心准备了一首徐志摩的《再别康桥》，给单位领导和同事们留下了深刻印象。

三　学习任务

任　务　书

1．任务名称：学会朗诵。

2．学习目标：

（1）根据学习工作生活情境的需要，学会诗歌朗诵。

（2）能熟练运用介绍这种口头表达方式应对现在的学习及将来的工作，加强语言沟通的效果。

（3）充分展示自己的显在和潜在的才艺，增强自信力。

（4）学会运用语言艺术，正确表达自己的情感，增强与同学、老师、同事、领导之间的友谊，学会共处。

3．任务描述：在本次任务中，我们将完成朗诵的学习任务，熟练于在各种特殊场景下充分展示自己的才艺，增强自信心，给他人留下深刻印象。

4．任务要求：

（1）在教师指导下，了解朗诵的适用范围，学习朗诵的技能技巧。

（2）能根据不同场景的需要进行诗歌、散文朗诵。

（3）在教师指导下，能熟练运用朗诵这种表达方式，完成不同的朗诵任务。

1. 一般人们在什么场景下会进行朗诵表演？

2. 请大家列举见过哪些精彩有趣的朗诵？

3. 你会勇敢地在公众场合、他人面前朗诵吗？

知识储备

朗诵前的准备

朗诵是朗诵者的一种再创作活动。这种再创作，不是脱离朗诵的材料去另行一套，也不是照字读音的简单活动，而是要求朗诵者通过原作的字句，用有声语言传达出原作的主要精神和艺术美感。不仅要让听众领会朗诵的内容，而且要使其在感情上受到感染。为了达到这个目的，朗诵者在朗诵前就必须做好一系列的准备工作。

1. 选择朗诵材料

朗诵是一种传情的艺术。朗诵者要很好地传情，引起听众共鸣，首先要注意材料的选择。选择材料时，首先要注意选择那些语言具有形象性而且适于上口的文章。因为形象感受是朗诵中一个很重要的环节；干瘪枯燥的书面语言对于具有很强感受能力的朗诵者也构不成丰富的形象感受。其次，要根据朗诵的场合和听众的需要，以及朗诵者自己的爱好和实际水平，在众多作品中，选出合适的作品。

2. 把握作品的内容

准确地把握作品内容，透彻地理解其内在含义，是作品朗诵重要的前提和基础。固然，朗诵中各种艺术手段的运用十分重要，但是，如果离开了准确透彻地把握内容这个前提，那么，艺术技巧成了无源之水、无本之木，成了一种纯粹的形式主义，也就无法做到传情，无法让听众动情了。要准确透彻地把握作品内容，应注意以下几点。

（1）正确、深入的理解

朗诵者要把作品的思想感情准确地表现出来，需要透过字里行间，理解作品的内在含义，首先要清除障碍，搞清楚文中生字、生词、成语典故、语句等的含义，不要囫囵吞枣。望文生义。其次，要把握作品创作的背景、作品的主题和情感的基调，这样才会准确地理解作品，才不会把作品念得支离破碎，甚至歪曲原作的思想内容。以高尔基的《海燕》为例，扫除文字障碍后，就要对作品进行综合分析。这篇作品以象征手法，通过暴风雨来临之前。暴风雨逼近和即将来临三个画面的描绘，塑造了一只不怕电闪雷鸣，敢于搏风击浪，勇于呼风唤雨的海燕这一“胜利的预言家”的形象。而这部作品诞生之后立即不胫而走，被广大工人和革命群众在革命小组活动时朗诵，被视作传播革命信息，坚定革命理想的战歌。综合分析之后，朗诵时就不难把握其主题是：满怀激情地呼唤革命高潮的到来。进而，我们又不难把握这部作品的基调应是对革命高潮的向往、企盼。

（2）深刻

细致的感受有的朗诵，听起来也有着抑扬顿挫的语调，可就是打动不了听众。如果不是作品本身有缺陷，那就是朗诵者对作品的感受还太浅薄，没有真正走进作品，而是在那里“挤”情、“造”性。听众是敏锐的，他们不会被虚情所动，朗诵者要唤起听众的感情，使听众与自己同喜同悲同呼吸，必须仔细体味作品，进入角色，进入情境。

（3）丰富、逼真的想象

在理解感受作品的同时，往往伴随着丰富的想象，这样才能使作品的内容在自己的心中、眼前活动起来，就好像亲眼看到、亲身经历一样。以陈然《我的自白书》为例，在对作品进行综合分析的同时，可以设想自己就是陈然（重庆《挺进报》的特支书记），当时正处在这样的情境中：我被国民党逮捕，在狱中饱受折磨，但信仰毫不动摇，最后，敌人把一张白纸放在我面前，让我写自白书，我满怀对敌人的愤恨和藐视，满怀革命必胜的坚定信念，自豪地写下了“怒斥敌酋”式的《我的自白书》。这样通过深入的理解、真挚的感受和丰富的想象，使己动情，从而也使人动性。

3．用普通话语音朗诵

要使自己的朗诵优美动听，必须使用标准的普通话进行朗诵，因为朗诵作品一般都是运用现代汉民族共同语（即普通话）写成的，所以，只有用普通话语音朗诵，才能更好地更准确地表达作品的思想内容；同时，普通话是汉民族共同语，用普通话朗诵，便于不同方言区的人理解。接受。因而，在朗诵之前，首先要咬准字音，掌握语流音变等普通话知识。

四 实施任务

请按照要求实施如下任务：

1．某职业学校毕业生林亚平到了单位报到，单位为新人们准备了一个迎新晚会，晚会上要求新人必须进行才艺展示以加深了解和认识。请你代林亚平精心准备朗诵徐志摩的《再别康桥》参加迎新晚会，展示自己的朗诵才能。

2．请你选择自己喜欢的一首诗歌或者散文参加班级诗歌朗诵活动。

案例分享

体味朗诵魅力 网络资源链接（教师给学生提供视频资料网址、内容）

（1）古诗文朗诵范例。

（2）现代诗文朗诵范例，如朗诵《乡愁》。

例 1　《春晓》

这是一首格律诗，朗诵这首诗时，应该注意每个字都要吐字清晰，朗诵出诗的节奏。每行诗句都可处理为三处停顿：

春眠／不觉／晓，处处／闻／啼鸟。夜来／风雨／声，花落／知／多少。

念到“晓、鸟、少”时，字音要适当延长，略带吟诵的味道，使听众能感觉出诗的音韵美和节奏感。

前两句是写诗人早上醒来后看到的景物，朗诵时要用柔和、舒缓的语调，音量不要过大。“鸟”字的尾音可稍向上扬，表现出诗人见到的是春光明媚、鸟语花香的明朗景象。后两句写诗人想起昨天夜里又刮风又下雨，不知园子里的花被打落了多少。在读“花落知多少”时，要想象出落花满园的景象。可重读“落”字，再逐渐减轻“知多少”三个字的音量，表现出诗人对落花的惋惜心情。

例 2　《海燕》片段

狂风吼叫……雷声轰响……

一堆堆乌云，像青色的火焰，在无底的大海上燃烧。大海抓住闪电的剑光，把它们熄灭在自己的深渊里。这些闪电的影子，活像一条条火蛇，在大海里蜿蜒游动，一晃就消失了。

——暴风雨！暴风雨就要来啦！

这是勇敢的海燕，在怒吼的大海上，在闪电中间，高傲地飞翔；这是胜利的预言家在叫喊：

——让暴风雨来得更猛烈些吧！

例 3　朗诵叶挺同志的《囚歌》（注意语调的处理）

为人进出的门紧锁着，（→平调）（冷眼相看）

为狗爬出的洞敞开着。（→平调）

一个声音高叫着：（↗曲调）（嘲讽）

——爬出来吧，给你自由！（↘）曲调（诱惑）

我渴望自由，（→）（庄严）

但我深深地知道——（→平调）

人的身躯怎能从狗洞子里爬出！（↑升调）（蔑视、愤慨、反击）

我希望有一天（→平调）

地下的烈火，（稍向上扬）（语意未完）

将我连这活棺材一齐烧掉（↓降调）（毫不犹豫）

我应该在烈火与热血中得到永生！（↓降调）（沉着、坚毅、充满自信）

例 4　练习朗诵王三堂的《人生》：

人生是一个过程
这个过程从自己的哭声迎来别人的笑声开始
到别人的哭声送走自己的无声而告终
整个过程大体上由哭声、笑声和无声组成
该哭时你就嚎啕大哭
哭它个天昏地暗
该笑时，你就尽情地欢笑
笑它个鬼呆神惊
该无声时，你就要鸦雀无声
犹如那漫漫长夜静待黎明
宁可自己多一点哭声
也要给别人多增添点笑声
只有这样
才能在自己“谢幕”时
得到别人发自肺腑的哭声相送
人生是一次旅程
这次旅程从妈妈的怀抱开始
到走进大地的墓陵
这次旅程犹如一年四季
春天花香，夏天草盛
秋天硕果，冬天雪景
它们各具特色，异彩纷呈
旅途中遇到激流险滩、电闪雷鸣

那是上帝的考验
旅途中能看到沧海日出、雨后彩虹
那更是生命中的万幸
不过无论如何要记住
千里游子终回故乡
一定要走得清清白白，干干净净！
人生是一段征程
这段征程开始于默默无闻
终结于清清静静
征程上不见得杀机四伏
但也绝非是一帆风顺
你要经得起轰轰烈烈
更要耐得住寂寞寒冷
就是遇到了血雨腥风
你也要日夜兼程
如果你有幸得到一块大舞台
那你就浓妆艳抹舒志展宏
把你那十八般武艺统统拿将出来用用
奋斗了、抗争了就好
等到耄耋之年写回忆录时
你就敢说：
我，无愧于人生！

课堂思考与分享

1．要怎样朗诵才能给人留下印象吗？
2．朗诵诗歌时，想象和语调有关吗？

教学内容

朗诵的基本表达手段

一、语调

语调是指一个句子声音高低升降的变化。不同的句调，表达不同的思想感情，反映说话人对事物的不同态度。句子尾音的抑扬是句调的主要标志，按照句子末尾非轻声音节的抑扬变化，句调可以分为四种类型。

（1）平调——全句没有明显的高低升降变化，调子始终保持同样的高低。常用来表示严肃、冷淡或叙述等语气。

（2）升调——调子由平升高，句末明显上扬。常用来表示反问、疑问、惊异、号召等语气。

（3）降调——调子先平后降，句末明显下抑。常用来表示肯定、感叹或请求等语气。

（4）曲调——调子升高再降，或降低再升，常用来表示含蓄、讽刺或意在言外等语气。

二、重音

重音是指朗诵、说话时句子里某些词语念得比较重的现象。一般用增加声音的强度来体现。重音有语法重音和强调重音两种。

1．语法重音

在不表示什么特殊的思想和感情的情况下，根据语法结构的特点，而把句子的某些部分重读的，叫语法重音。语法重音的位置比较固定，常见的规律是：

（1）一般短句子里的谓语部分常重读。

（2）动词或形容词前的状语常重读。

（3）动词后面由形容词。动词及部分词组充当的补语常重读。

（4）名词前的定语常重读。

（5）有些代词重读。

2．强调重音

强调重音是为了突出表达某种思想感情而把语句中的某些词语加以强调的音，又叫“逻辑重音”。强调重音没有固定的位置，它是根据表意的内容和需要来确定的。重音的表现方法有很多种，常见的有以下三种情况：

一是加强音量。既有意识地把某些词语读的重一些，响一些，使音量增强。

这时候，他用力把我往上一顶，一下子，把我甩在一边，大声说：“快离开我，咱们两个不能都牺牲！……要……要记住革命！”

二是拖长音节。既有意将音节拖长一些，用延长音节的办法使重音突出。

太阳像负者什么重担似的，慢慢儿，一纵一纵的使劲向上升。

三是重音轻读。表现重音，不一定非要增加音量，有时用减轻音量的方法，将重音低沉地轻轻吐出，效果反而会更好。一般在表达极为复杂而细腻的感情时，多用这种方法。

风一吹，芦花般的苇絮就飘飘悠悠地飞了起来。

我忍着笑，轻轻走过来。

四是停顿强调。在要强调的词后面做一短暂的停顿。

再见了，亲人！我的心永远和你们在一起。

三、节奏

该轻快的要朗诵得轻快些，该沉重的要朗诵得沉稳、稍慢些。就一首诗来说，朗诵速度也不是固定不变的，而是要根据表现作品内容的需要来决定，并具有一定的变化。

课堂活动：

朗诵叶挺同志的《囚歌》，注意语调、重音、节奏的处理。

课后作业

歌颂长征的作品有很多，《长征组歌》就是其中的优秀作品。今天，我们要来处理、朗诵学习《长征组歌》中的一首——《过雪山草地》。

1. 把握作品的内容，运用朗诵的基本表达手段来处理《过雪山草地》。

红军长征时环境险恶、条件艰苦，不仅粮食弹药缺乏，而且处处遭到国民党军队的围追堵截。虽然困难重重，但是红军都是钢铁汉，千锤百炼不怕难，最终取得伟大的胜利。

过雪山草地

——长征组歌

雪皑皑，
野茫茫，
高原寒，
炊断粮。
红军都是钢铁汉，
千锤百炼不怕难。
雪山低头迎远客，
草毯泥毡扎营盘。
风雨侵衣骨更硬，

野菜充饥志越坚。
官兵一致同甘苦，
革命理想高于天。

2. 配乐朗诵《过雪山草地》。

书写练习

请在下面的格子里面书写“熟读唐诗三百遍，不会作诗也会吟。”

下篇

应用文写作

任务一 学会写作——条据、启事

子任务一 条据

一 学习引导

教师播放借条纠纷视频——中央电视台《今日说法》2015 年 7 月 3 日的视频一张假借条。

打借条是经济往来常见行为，打欠条和收条也成为人们日常生活中司空见惯的事情。然而，不规范的借条、欠条、收条可能会埋下法律下的隐患。我们先来看看下面的案例。

错案分析

案例一 负债字据请核对是否是本人书写及签名。

李强开了一间砖厂。2007 年，张启山在做工程时，向李强要了一批红砖，总价款是 123610 元，后来张启山陆陆续续支付了 111500 元，尚欠 12110 元。张启山于 2007 年 12 月 31 日出具了一张结算单——欠条，落款的签名人为“张啓山”。李强拿着这张结算单，多次找张启山要钱，张启山都推脱不给。张启山辩称，结算单上的字迹潦草，签名不是他的名字，也不是他所签，因为他名字中间的那个字是“启”而非“啓”。他只是工程承建方的仓库保管员。

案例二 歧义字句，危害无穷。

李民借到周路 50000 元，并向周路出具一份借条。一年后李民归还 5000 元，遂要求周路把原借条撕毁，其重新为周路出具一份欠条：“李民借周路现金 50000 元，现还欠款 5000 元”。这里的“还”字既可以理解为“归还”，又可以解释为“尚欠”。事后，周路拿欠条向李民追讨欠款，但李民只承认欠款 5000 元，不认欠款 45000 元。根据民事诉讼法相关规定“谁主张，谁举证”，周路不能举出其他证据证实李路仍欠其45000元，因而其权利不会得到保护。

案例三 财物不分，价差十倍。

郑梅给钱珊代销芝麻油，在出具借据时，郑梅写道:“今欠钱珊芝麻油毛重800元。”这种偷“斤”换元的做法，使价值相差10倍有余。

案例四 借条不规范，留下后遗症。

丁琼向周兵借款20000元，周兵自己将借条写好，丁琼看借款金额无误，遂在借条上签了名字。后周兵持丁琼所签名欠条起诉丁琼归还借款120000元。丁琼欲辩无言。后查明，周兵在20000前面留了适当空隙，在丁琼签名后便在空隙处加了“1”。

案例五 借条不写息，损失自承担。

李民与孙云商量借款10000元，约定利息为年息2%。在出具借据时李民写着：今借到孙云现金10000元。孙某考虑双方都是熟人，也没有坚持要求把利息写到借据上。后孙云以李民出具的借条起诉要求还本付息，人民法院审理后以《合同法》第211条“自然人之间的借款合同对支付利息没有约定或约定不明的，视为不支付利息”的规定，驳回了孙云关于利息的诉讼请求。

思考与讨论：

1. 为什么会出现案例中的纠纷?
2. 写错条据将会给当事人带来什么后果?
3. 尝试总结写借条的几个注意事项。

二 学习情景

某职业学校毕业生李民，2016年7月初进入一家公司报到工作。后来，李民老家发生水灾急需请假一周时间回家处理事务，需要向领导写一张“请假条”。由于还没有到发薪时间，李民捉襟见肘，想向公司财务借款3000元，需要向单位财务部门写一张“借条”，并承诺发工资当天还清。收假回来正式上班后，由于是新员工，需要向单位后勤部门领取一批办公用品、劳动保护用品，需要给相关部门写一份“领条”。到了发工资那天李民只发了2700元，这时财务人员要求将其工资2700元抵扣借款，并要求李民写下一份“欠条”。后来，老家邻居赵敏出差来访，并转交李母给他带来的运动服两套及现金1000元，李民又给赵敏写下了一份“收条”。

李民赶快找到有关书籍和资料，学习各种条据的写作格式、写法要求及写作注意事项，生怕写错，给领导、同事、邻居留下不好印象。最后李民在规定的时间范围内按要求完成了格式规范、内容完备、条理清楚、表达简洁的相关条据，圆满地完成任务，给领导、同事和邻居留下了良好的印象。

三　学习任务

任　务　书

1．任务名称：撰写条据。

2．学习目标：

（1）结合所学专业，根据将来工作情境的需要，学习撰写规范的请假条、借条、欠条、领条、收条。

（2）能结合专业学习，熟练运用条据这种文种应对现在的学习及将来的工作，提高书面沟通的能力。

（3）能根据实际需要，快速有效地解决学习和工作生活中的相关文字事务，自觉培养写作能力。

3．任务描述：在本次任务中，我们将完成各种条据的学习任务，了解各种条据的写作背景和写作要求，根据实际需要完成写作任务，并上交正确书写的电子文书。

4．任务要求：

（1）在教师指导下，学习各种条据的适用范围、写作规范及注意事项。

（2）能根据需要撰写不同用途、不同类型的条据。

（3）在教师指导下，能熟练运用此类文种，完成不同的工作任务。

课堂思考与分享

1．班上有哪些同学写过请假条？回忆一下，在什么情况下我们要去写请假条？请假条应该怎么写？

2．你能说出便条与单据的不同吗？

3．你会写请假条、借条、欠条、领条、收条吗？

4．你认为借条与欠条有区别吗？

应用文写作的基本要求

应用文是机关团体、单位或个人在日常工作、学习和生活中用以处理事务、沟通关系的具有一定的惯用格式的文体。它强调处理事务、沟通关系方面的直接的实用价值，因而在写作上有其特定的要求。应用文写作的基本要求，可以概括为“明确、完备、合式、得体”八个字。

1．明确，是说行文的主旨要明确，即写作目的明确。“主”是基本、中心；“旨”是主张、宗旨。应用文的主旨，就是一篇应用文在提出问题、分析问题、解决问题的过程中所表达出来的基本内容与中心观点，是作者具体的行文目的的体现。

2．完备，是说内容要素要齐全，即正文内容符合文种要求。所谓内容要素，指的是一篇应用文在处理事务、沟通关系上必不可少的内容因素。应用文写作直接与具体的事务相联系的，旨在解决工作、学习或生活中的某些具体问题，最讲究现实的效益。内容要素完备这一要求，正是应用文实用性这一特点所决定的。一篇应用文的内容要素是否齐全完备，关键就看其能否满足处理事务、沟通关系的实际需要。不同的应用文种有其不同的内容要素。因此我们写应用文，一定要从实际出发，考虑该篇应用文有何非写不可、必不可少的内容，努力做到内容要素齐全完备。

3．合式，是要求符合所用应用文体的程式性要求，即格式正确规范。程式性是应用文的又一大特点，它主要表现为具有一定的惯用格式。这一点，法定的行政公文与电报表现得极为突出。就一般的应用文写作而言，格式大致包括以下三个方面的内容（或者说主要反映在三个方面）：一是行款格式，主要指文字的书写排印的规定；标点符号的书写规定；标题、署名等位置的规定等等。二是内容表达的书面形式，如分条列项式、篇段合一式、分部切块式、表格式等等。三是正文的组织结构方式，包括行文顺序、开头结尾的安排由哪几个部分和单元构成等等。应用文的程式性也是由应用文的实用性所决定的。应用文作为信息的载体，其程式性掌握利用得好，有利于迅捷、准确地传递、接收与处理信息，有利于稳妥、及时地处理事务与沟通关系。否则容易影响接收者对信息的处理、存储，甚至贻误大事。例如，一大学生去信国外，因不懂该国书写信封的习惯、体例，照我们的习惯去写，结果信给退了回来。因此，我们不能把应用文的程式性理解为纯属形式主义的东西，而无视应用文写作“合式”的要求。

4．得体。所谓得体，就是得当、恰当。得体对于应用文来说显得十分重要，因其往往直接影响到应用文处理事务、沟通关系的现实效益。得体的要求是多方面的：一是文种的选用方面。不同的应用文种有不同的功用，反映了不同的行文目的和要求，有的还反映了收发双方之间不同的身份关系。二是行文方面。这里主要指表达方式的运用与篇章结构的安排。前者指的是要根据文种的特点来正确运用表达方式。例如，“会议通知”，具有告知性、规定性。就表达方式而言，主要是运用叙述、说明，而不用或少用抒情、描写。后者指的是篇章结构应适应文种的特点与要求。三是语言的运用方面。这是应用文写作“得体”的主要方面。我们说应用文写作要得体，主要也就是说其语言的运用要得体。因此在写作应用文时，语言的运用要注意符合不同文体的要求，也就是要体现出所用语体的个性。写作应用文，说什么、不说什么、怎样说、何时说等，都要认真考虑。语言得体将有利于处理事务、沟通关系，达到预期的效果。而是否有利于处理事务、沟通关系，达到预期的效果，也是衡量语言运用是否得体的一把尺子。

应用文的语言特点

应用文语言是指写入应用文中并符合应用文规范要求的书面语言，应用文语言属于事务性文体，有简练、朴实、得体的特点。

1．简练——言简意赅、文约事丰。应用文写得简练是高速传递信息的需要，是节省时间、提高办事效率的需要，也是朴实、明确特征在“文字量”上的体现。应用文每一文种一般都有比较固定的写作用语，包括特定用语、惯用语、缩略语等。

2．朴实——开门见山、自然质朴。应用文语言要求使用严谨的书面语，不追求语言的艺术化，不宜用比喻、比拟、借代、夸张等修辞手法。

3．得体——说话讲究分寸、适度。应用文语言的遣词造句、语气语调要有分寸、要恰当。如：请示公文，用语要谦虚，讲究礼貌，结尾多用“望”“请”“给予指示”，以表示下级对上级的尊重。切勿用“必须”之类词语。

应用文写作注意事项

应用文标题：除法规、规章加书名号，一般不用标点符号，可加引号。公文式标题“关于”的用法，表示对事由所在中心词语起关涉、介绍、提示、隔离的作用，与事由部分组成介宾结构，大多数情况下不能省略。标题常用黑体或宋体，字号在三号至二号之间。

应用文的开头：概述情况；说明根据，常用“根据”“遵照”等领起；介绍目的，常用“为了”“为”等领出下文；交代原因，常用“由于”“因于”“鉴于”等；阐明观点；表明态度；提出问题；慰问祝贺；引述来文；列序号开头等。

应用文正文结构层次：第一层为“一、”，第二层为“（一）”，第三层为“1.”，第四层为“（1）”，第五层为“①”。

课后作业

李民因初来乍到，工作上很不适应，由于工作压力太大造成他长期失眠。后来李民到医院诊治，医生建议康复治疗一个月，请你代李民向部门负责人写一份请假条。

四 任务实施

请按照要求实施如下任务：

某职业学校毕业生李民，2016 年 7 月初进入一家公司报到工作，李民老家发生水灾急需请假一周时间回家处理事务，需要向领导写一张“请假条”请求批准。

由于还没有到发薪时间，李民捉襟见肘，想向公司财务借款 3000 元，需要向单位财务部门写一张“借条”并承诺发工资那天还清。

李民收假回来正式上班后，由于是新员工，需要向单位后勤部门领取一批办公用品、劳动保护用品，需要给相关部门写一份“领条”。

到了发工资那天，李民只发了 2700 元，这时财务人员要求将其工资 2700 元抵扣借款，并要求李民写下一份“欠条”。

李民老家邻居赵敏出差来访，并转交李母给他带来的运动服两套及现金 1000 元，李民又给赵敏写下了一份“收条”。

错案分析

请 假 条

张部长：

由于家中有事，我要请假，请批准！

王老三

2015 年 9 月 6 日

思考与讨论：

1. 这个请假条有毛病吗？问题在哪里？
2. 请你尝试将其改写为一份正确的请假条。

条据概述

条据就是条子、字据，是指用一张简单的条子去说明告知或者证明某件事情，它在我们的生活工作中非常重要。一般分为说明告知性条据和凭证性条据两种。说明告知性条据包括请假条、留言条、托事条、意见条等，它属于简便的书信体应用文，又称为便条。凭证性条据包括借条、收条、领条、欠条等，人们在办理跟钱财物品有关的各种手续或是为了说明某种情况和理由时，常常写下字据，以为凭证，又称为单据。

便条涉及范围宽泛，凡是人们在日常生活、工作、学习中，要把比较简单的事情告诉对方时均可使用，写作较随意，不具备法律效力，只用于说明或者告知某事。而单据是只有涉及钱财物品时才使用，写作上有严格的要求，可以作为一种凭证，具有法律效力。

一、便条。便条的写作格式同一般书信大致一样。通常由标题、称呼、正文、祝颂语、落款五部分组成。

1．标题：一般在第一行居中写明便条名称，但有的便条的标题是可有可无的，如留言条。

2．称谓：在标题下顶格写上收条子人的称呼或姓名，后加冒号以示尊重，如“×××老师：”。

3．正文：称呼之下另起一行空两格写正文，将所要表达的意思、需对方办的事情简洁明白地写出来。

4．祝颂语：内容写完后，一般另起一行空两格写“此致”，下一行顶格写“敬礼”。也可视具体情况写下“谢谢”“敬礼”“特此拜托”等礼貌性的话语，也可不写。

5．落款：便条的落款包括署名和写日期两项。署名写在正文右下方，署名的方式视写给的对象而定。在署名的下方还要写明具体的成文日期。

二、单据。单据是对方作为收入、支出、报销、保存、考查的根据，起到凭证的作用。其基本格式包括标题、正文、落款三部分。

1．标题：第一行居中写单据名称，如“借条”“收条”“领条”“欠条”等，或者“今借到”“今收到”“今领到”等，表明单据的性质。

2．正文：第二行空两格开始写，要写明从什么单位或人处借到或领到什么财物，要详细写明名称、种类、数量，数量要用大写汉字，一般不用阿拉伯数字。正文是单据的主要部分，要用最简洁的言语写明事由和事实。不同的单据，写法也不同。

3．落款：在正文的右下角先署名后署日期，署名应该是个人亲笔签字的真实姓名（以身份证上的名字为准），重要单据姓名前要写清单位或地址。单位、个人名称前一般要写上“立据人”或“借款人”字样。日期写在署名的下面，立据的时间要写全写清，包括年、月、日。单位出具的条据应署上单位的全称，并由经手人亲笔签名，以示负责，单位署名署日期后还要加盖公章（公章要骑上名称和日期）。

错案分析

借　　条

今收到贺星 500 元，于明年归还。此据

赵 明

8 月 17 日

收　　条

李二娃今还欠款 8000 元。此据

张老幺

9 月 8 日

思考与讨论：

1. 这个借条、收条有毛病吗？问题在哪里？
2. 请你尝试改写出正确的借条、欠条。

教学内容

单据的写作注意事项：

1．钱物往来数量要大写：零、壹、贰、叁、肆、伍、陆、柒、捌、玖、拾。要与前面的字紧相连，不能空格，总数目如果在拾和贰拾之间等，要写为壹拾元（件、个）、壹拾叁万元（件、个）等。

2．钱的数额前必须写清币种，数额末尾加“整”。

3．一定要写正确的全名，不可用同音字和职务，一定要有具体时间。

4．正文之后，可写“此据”，以防他人增减作弊。

5．不得涂改，如有涂改，改动处应加章或手印。

6．打印稿格式不变，但必须有签名，盖章。

“借”与“借给”

很多人这么写借条：“A 借 B 壹万元”，这就会让人产生歧义，让人糊涂，到底是 A 借了 B 的壹万元还是 B 借了 A 的钱呢？其实写清楚并不难，比如写成“A 借给 B 壹万元”“A 向 B 借壹万元”就不会产生歧义了。

借条和欠条的区别

很多人分不清借条和欠条的区别。借条则是借现金或物品，是即时产生债务的凭证，是债的当场产生、并确认的一种书面形式。欠条是对已产生债务的一种确认，是债的滞后的确认。欠条的特征是原来借的钱或物品，已还清一部分，尚余部分要在新的商定的期限内归还。因此，欠条不能与借条混淆。而在实践中也有人本来是借钱，却让对方打的欠条，这在法律上也会产生不同的法律后果。欠条自出具之日起或者约定履行期届满之日起满两年不诉则丧失胜诉权。

思考与讨论：

1. 借条由谁来写？借款人还是出借方？
2. 借条可否用打印件，签名可否用名章？

李民要出差一个月，需要向单位财务借款 20000 元作为差旅费，需写一份正式的借条给单位财务部，约定出差回来后一周内归还，请你代李民写一份借条。

请在下面的格子里面书写“如果要别人诚信，首先自己要诚信。”

子任务二　启事

学习引导

我们在各种媒介上，大街小巷中常常看到各种启事，有寻人的、有寻物的、有招租的、有招聘的、有征婚的、有征文的、有搬迁的、有开业的……

让我们来看看以下启事并思考启事的用途吧！

寻人启事

焦××

女，河北省　县　乡西封斯村人，年龄39岁，于2013年7月4日在××××客运站走失。身高160　，身穿浅灰色短袖上衣，浅灰色七分裤子。如本人见启事请速回家，家人非常着急。

如有知其下落者请与吴先生联系，必有重谢！

联系电话：18730159272
13191879586

寻物启事

本人在2012年12月17号早上九点左右在老食堂一楼吃早点时，把四本写有"李沁涵、李洋婕、杨芳、李梦"的名字的证书遗忘在食堂的座椅上，如有同学捡到同学，麻烦联系李沁涵同学：18213864176。

谢谢！

音乐学院方老师
2012年12月17日

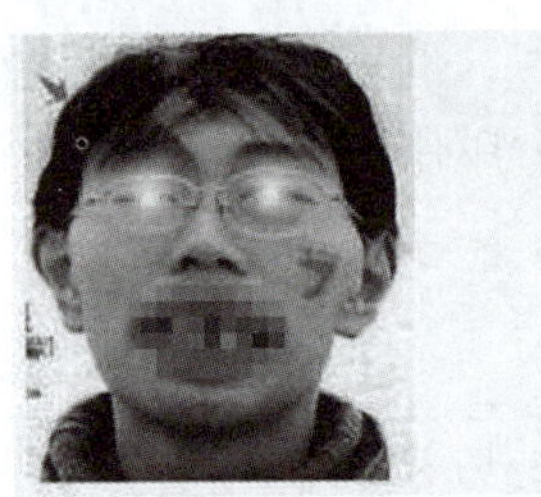

家穷人丑 一米四九，小学文化 农村户口
薄田一亩 破屋三间，冷锅冷灶 老婆没有
一年四季 药不离口，今日上网 广征女友
爱情道路 并肩携手。

寻女：未婚 1986年生 身高163厘米 硕士(国外) 山西太原市人 现在外资银行工作 深圳户口 全家人都定居深圳 全家人都有稳定的工作和收入。

诚觅 学历相当 条件相当 有稳定的工作 有良好的生活习惯 有责任心 人品好的优秀男士

1390299 (父亲电话)

非诚勿扰

××市××××印刷厂

招聘启事

电脑制版(平面设计) 2名　年总收入约:2.2万-3.8万

晒版工 1名　年总收入约:2万

会计 1名　年总收入 2.5万~3万

六开胶印机师傅 1名　年总收入 2.5万~3万

普工若干名　年总收入约: 2万

联系地址：浙江省临海市鲤山路41号
联系电话：13486236868　QQ：179195838
联系人：邬先生

错案分析

尊敬的业主：

我们在现场抓获了在此盗窃您摩托车的嫌疑人。请您速与本公司保卫部联系，联系电话：85566777。

贵阳市兴旺物业管理公司
年　　月　　日

思考与讨论：

1. 这个启事有问题吗？问题在哪里？
2. 请你尝试把它改写成一份正确的启事。

二 学习情景

某中职学校毕业生汪明来单位不久，正值单位要搬迁到新的地方，领导交代汪明写一份“迁址启事”并登报，同时单位办公室收到员工拾物——手机一部，领导让新来的汪明写一份“招领启事”并张贴出去，后来单位行政部门缺文书一名，领导又让汪明以单位名义写一则“招聘启事”并上传到人才交流网。

汪明赶快找到有关书籍和资料，汪明接到撰写“迁址启事”任务后赶快了解公司新搬地方的地址、邮编、电话、主营业务范围等信息，同时学习各种启事的知识及写法规范、写作要求及写作注意事项。最后汪明在规定的时间范围内按要求写出了格式规范、内容完备、条理清楚、表达简洁的相关启事，圆满地完成任务。

三 学习任务

任　务　书

1．任务名称：撰写启事。

2．学习目标：

（1）结合所学专业，根据将来工作情境的需要，学习撰写规范的寻人启事、寻物启事、招领启事、招聘启事、迁址启事、开业启事。

（2）能结合专业学习，熟练运用启事这种文种应对现在的学习及将来的工作，提高书面沟通的能力。

（3）能根据实际需要，快速有效地解决学习和工作中的相关文字事务，自觉培养写作能力。

3．任务描述：在本次任务中，我们将完成各种启事的学习任务，了解各种启事的写作背景和写作要求，根据实际需要完成写作任务，并上交正确书写的电子文书。

4．任务要求：

（1）在教师指导下，学习各种启事的适用范围、写作规范及注意事项。

（2）能根据需要撰写不同用途、不同类型的启事。

（3）在教师指导下，能熟练运用此类文种，完成不同的工作任务。

课堂思考与分享

1. 启事的作用是什么？它与广告有何异同？

2. 请大家列举见过哪些启事？可以如何分类？

3. 班上有哪些同学写过启事？回忆一下，在什么情况下才要我们去写启事？启事应该怎么写？

4. 你会写寻人启事、寻物启事、招领启事、招聘启事、迁址启事、开业启事吗？

知识储备

启事概述

1．定义：启事是团体或个人向社会公开告知、说明事项的应用文书。经常登载于报刊，或在公共场所张贴，或在电视台、电台播放。启事的内容是需要让公众知道或者希望大家协助办理的事情，公开性和单一性是其显著特点。读者、观众和听众是启事的对象，他们可以参与启事中所要求的事，也可不参与，因为启事不具备强制性和约束性。

2．作用：类似广告。

3．种类：启事的适用范围很广，涉及社会生活的许多方面，因而形成了多种多样的种类。按发文名义可分为单位启事、个人启事和联合启事；按缓急程度可分为常规启事和紧急启事；按目的可分为征招性启事、知照性启事、祈请性启事；按内容可分为一般启事和寻物、寻人、征婚、征文、征订、征集图案设计、招工、招生、招聘、更名、更正、迁址、开业、挂失、招领等。

4．格式：类型不同的启事，写法各有不同，但文体结构大体相同。一般由三部分组成：一是标题，首行正中书写“事由＋启事”，如内容是少见、特殊事项，就直接用文种名称。二是正文，另起一行空两格书写，即要向大家说明或提请大家留意的事情，应包括目的、意义、方法、要求等单元，要写得具体、明确（招领启事除外），正文末尾可写上“此启”或“特此启事”，亦可略而不写。三是落款和日期，在正文右下方分两行书写。由于有些启事已在内容中写明有关日期，那就不需另行标注。目前常见的启事样式，为了醒目，常用黑体字标注联系地址、联系人以及电话号码等。

5. 内容：因告启事项的不同，不但其标题不同，内容也不同。例如：（1）寻物启事要把所寻之物尽量定得具体，就着重交代丢失物品的名称、特征、时间、地点、失主姓名、住址或单位名称、地址，发现后交还的办法和酬谢方式等。（2）招领启事要把拾到物品写得含糊，如人民币若干，以防冒领，地点、时间、联系电话、物品名称等交代清楚。（3）开业启事则应写明开业单位的名称、概况、性质、地点、经营单元和开业时间等内容。（4）招聘启事一般包括招聘基本情况、招聘对象、应聘条件、招聘待遇、招聘方法等内容。

四 任务实施

请按照要求实施如下任务：

1. 某职业学校毕业生汪明来贵阳昌盛建筑工程公司不久，正值公司要搬迁到新的地方，领导交代张明写一份“迁址启事”并登报。

2. 公司行政部收到员工拾物——手机一部，领导让新来的汪明写一份“招领启事”并张贴出去。

3. 公司工程部急缺工程测量人员一名，工程试验人员两名，领导又让汪明以公司名义写一则“招聘启事”并上传到人才交流网。

案例分享

紧急启事

原定于6月25日下午2时30分在市府礼堂举行的“见义勇为十杰大型报告会”，因又有许多单位要求参加，故改于湖滨会堂举行，原定时间不变。敬请转告周知。

××省政府办公厅

2015年6月23日

寻车启事

兹有××矿产加工厂一辆BJ-121箱式货车于2015年8月13日丢失。车牌号：贵A100××，车身颜色为灰白，车架号：84××；发动机号：500××。有知其下落者速告本厂，联系电话：1398877××××。必有重谢。

××矿产加工厂

2015年8月14日

寻 物 启 事

本公司雇员昨日乘坐黄色面的由火车站至大西门，不慎在车上遗失皮包一只，内有营业执照副本、产品专利书及设计图纸若干，如有拾到者，请即送 ×× 街 ×× 号 ××× 公司，或拨电话 665432×× 通知，当面酬谢人民币 ××× 元。

××× 公司经理 ××× 敬启

×××× 年 ×× 月 ×× 日

招 聘 启 事

大型中外合资企业 ×× 药业有限公司经 ×× 市人才交流中心批准招聘下列人员：

1. 本地区医院业务推广代表三名，要求医学、药学本科以上学历，具有五年以上医院工作经验（硕士毕业需 2 年工作经验），有较强的社交能力、口头及书面表达能力，富于开拓精神，年龄 26 ~ 35 岁之间，需有本地户口。

2. 文员一名，需本科以上学历，女性，身高 1.65 米以上，年龄 20 ~ 30 岁之间，具较强的社交能力，会中英文打字，需有本地户口。

有意者请于即日起七天内将有关资料及照片寄至 ×× 市 ×× 街 × 号 × 楼 22 号李军，邮编：030009，勿访。

×× 药业有限公司

×××× 年 ×× 月 ×× 日

贵重物品招领

× 月 × 日在上海至贵阳 ×× 次列车硬卧车厢内，发现旅客遗留手提箱一个，内有人民币和各类证件若干、贵重物品一批，特登报招领，望失主携带有关证明文件，前来申请领取。此启。

×× 铁路分局列车段

2015 年 4 月 18 日

教学内容

启事写作注意事项

1. 启事的事项要严密、完整，不遗漏应启之事。启事内容较多的，应该分条列项，可用不同的字体或字号列出以示区别，使启事内容醒目。

2. 启事用语要简明得体、态度诚恳、措辞礼貌，不要使用命令式或带有要挟性的语言。

3. 要正确标示文种名称，“启事”不能写成“启示”，更不能用“公告”“通告”“通知”“公示”之类。

错案分析

贵阳铁路学校跳蚤市场开业启事

全体同学：

大家好！

贵阳铁路学校第一期跳蚤市场原定于2015年8月28日13：30—16：00开业，但由于暴雨天气影响，不能正常开业。在此我们敬请全体师生员工谅解。第二期开业时间为2015年9月11日13：30—16：00。

届时，欢迎全体同学踊跃报名，将自己的旧物品摆设在跳蚤市场供广大学生自由选购。只要你愿意跨出一步，无数学生将得到实惠。届时，如有意销售旧物品的同学，请到“跳蚤”市场现场审批处登记，现场工作人员安排地点销售。

贵阳铁路学校“跳蚤”市场本学期开业时间为每月的第二周周五下午13：30—16：00，在开业期间欢迎全体同学前来惠顾！如遇暴风雨天气，将停止开业。

祝同学们学习进步，学业有成！

贵阳铁路学校团委

2015年9月8日

思考与讨论：

1. 开业启事的开头结尾与书信格式相同吗？怎样修改？

2. 内容有无多余的地方，请指出并删除。

3. 启事要一文一事，该文却一文多事，这份启事写了几件事？

4. 启事有无漏掉师生感兴趣的内容？如跳蚤市场有关情况的说明，交易规则，校方是否收取费用等。

启事与声明

启事和声明本来就是同一个种类，只是适用层面不太相同。

启事主要用来陈述事项，声明除了简明地告启某事外，主要用来表明立场、观点、要求，澄清相关事项，保护权益等。

二者的区别也仅仅在于正文，启事写清楚意图就行，声明除直陈事实外，还需要态度严明地表达观点，澄清事实。

启事上的“酬金”要慎重

柴某某丢失公文包后，在媒体上打出悬赏一万元的寻物启事。钱某拾到该公文包并看到电视上的寻物启事后，给柴某某打了电话联系，当送还包时，柴某某却表示只付五千元，最后闹上法庭。法院审理认为，寻物启事是民事行为，一经做出即具有法律效力，非法律规定或者经过对方同意，不得擅自变更解除，据此判决柴某某全额兑付赏金一万元。

在我国民法领域，悬赏广告可以看作是一种要约，若之后某人完成了悬赏广告中的指定行为，则是一种承诺。要约是希望和他人订立合同的意思表示，承诺是受要约人同意要约的意思表示。《中华人民共和国合同法》第二十五条规定：承诺生效时合同成立。本案中，合同已经成立，是双方当事人真实意思的表示，且不违反法律、法规，不损害国家、集体、第三人利益，合同双方应按约定履行合同义务。《中华人民共和国物权法》第一百一十二条第二款规定：权利人悬赏寻找遗失物的，领取遗失物时应当按照承诺履行义务。因此，失主应按约定支付一万元酬金。

思考与讨论：

前些天我捡到一个钱包，包中装着一些证件和一部手机。由于当时找不到失主，就暂时在我那放着。后来我从广播上听到这名失主寻物的启事，内容为：若有捡到钱包交还证件及手机者，失主愿付 1000 元作为酬金。通过寻物启事留下的联系方式，我找到了失主，并把东西归还给他，可他却只给我 200 元酬金。请问，我能否要求失主支付给我 1000 元酬金？

课后作业

5 月 15 日，李华在公司电梯间丢失了一个 U 盘，里面有大量的工作文件资料，请你代李华写一份寻物启事，约定酬金 200 元。

书写练习

请在下面的格子里面书写“书到用时方恨少，事非经过不知难。”

任务二 学会写作——计划、总结

子任务一 计划

 学习引导

俗话说“一日之计在于晨，一年之计在于春，一生之计在于勤。”有无计划，决定着工作是否有条理，是否打乱仗；而计划的好坏则直接影响到工作的质量与效果，决定着工作的得失与成败。孙武说：“知己知彼，百战不殆。”从某种意义上说，正是计划决定着人们的未来。

可见，计划在一个人的生活和工作中是很重要的，步骤严谨、措施明确的计划也令一个人的工作事半功倍。那么，应怎样写好一份计划？下面我们来看一则案例。

关于在国际志愿者日组织捐赠图书活动的策划书

志愿服务是一项高尚的事业。志愿者所体现和倡导的“奉献、友爱、互助、进步”的精神，是中华民族助人为乐、扶贫济困的传统美德和雷锋精神的继承、创新和发展。中南大学信息物理工程学院青年志愿者协会准备在2017年国际志愿者日到来之际与海外中国教育基金会合作组织一次为贫困地区的中小学生捐助图书的活动。

附：海外中国教育基金会(OCEF)是一个基于美国的助学组织。宗旨是帮助中国贫困地区中小学生的义务教育。在中国的主要单元是为贫困地区的中小学募捐图书和建立图书室。OCEF的所有工作人员都是义工，不从OCEF获得任何报酬。

一、活动背景

1985年12月17日，联合国大会通过40/212号决议，确定每年12月5日作为国际志愿者日，其目的是为了在世界范围内弘扬志愿者精神，宣传志愿者在社会和经济发展中的作用。每年的这一天，世界各国都开展庆祝活动，以推动志愿者服务活动的开展。

二、活动目的

弘扬志愿者精神，为贫困地区的中小学生教育事业贡献一份力量。

三、活动简介

院青协计划于2017年12月5日左右举行一次大型的宣传活动，并借助此次宣传将募书活动持久开展下去（考虑到同学们手中适合中小学生阅读的书籍较少，我们计划将第一阶段的活动延续至下学期，以保证同学们能利用放假回家的机会带来一些合适的书籍。预计第一阶段活动将持续到2018年3月）。如果各方面条件成熟，可以考虑将此项募书活动作为信息物理工程学院青协的传统逐届开展下去。

四、活动地点及负责人

宣传活动地点：校本部饮食文化中心前、中南大学南校区食堂前

校本部负责人：戴海波

南校区负责人：吴可嘉

五、活动步骤

（一）前期准备

1. 活动申请；

2. 设计宣传板 OCEF组织有特制的宣传板报，可供直接使用；

3. 设计及复印海报和宣传单 可参考OCEF组织的特制海报和宣传单；

4. 在校园网BBS发表募书帖 借助科实部网站的管理权限，对募书活动在网上进行积极宣传；

5. 大力开展本院的内部宣传 通知全院各班青协负责人务必在班级内作好宣传工作，让他们将此次活动的精神和意义翔实地传达给班级每一位同学，争取在本院同学中募到更多书籍；

6. 制作书籍募集明细表供集书负责人登记捐书者个人以及所捐书籍的详细信息；

7. 为捐书者准备小纪念品若干，如OCEF组织特制的书签等。

（二）活动实施

1. 12月4日前完成前期宣传工作。将海报贴在所有学生宿舍楼下及人流密集区（食堂、教学区和宣传栏）。

2. 12月4日（周日）组织大型的宣传活动。宣传板分别于南校区七食堂前、本部饮食文化中心前展出，志愿者派发宣传单，并向大家介绍本次活动具体流程及开展意义。

3. 确定固定的收书时间和收书地点。由专人负责收书和书籍信息登记工作，便于该活动的长期开展。

4. 书籍的托运工作。在募集到一定数量的图书之后，分类整理托运到 OCEF 组织的受助学校。

（三）注意事项

1. 海报尽可能持久的保留，避免被覆盖。

2. 南校区与本部的协调。

3. 图书的管理和保存。

4. 由于活动规模较大，历经周期较长，所需人手较多，可考虑让 05 或 06 级的一个班级来承办此次活动。

5. 在书籍质量上严格把关，以适合农村中小学生阅读为标准。如果收到一些不合要求的书籍，我们将作为旧书变卖，所得现金将购买适量适合的图书或者作为包装费用。

6. 关于图书托运，要事先找好运输公司。

7. 所有费用一律以发票作为报销凭证。

六、活动预算

横幅 2 条，10 元 / 条。

宣传板 2 块，70 元 / 块。

海报（A3 纸张）80 份，0.15 元 / 份。

宣传单（A4 纸张）1000 份，0.07 元 / 份。

书籍募集明细表（A4 纸张）70 份，0.05 元 / 份。

纪念书签 200 份，由 OCEF 供给。

书籍托运费用（铁路慢运）300 千克，费用由 OCEF 供给。

合计：$10\times2+70\times2+0.15\times80+0.07\times1000+0.05\times70=245.5$(元)。

七、预计影响

1. 预计募书 500 本左右，为农村中小学提供可贵的精神食粮。

2. 弘扬志愿者精神，扩大了我院青协在全校的影响，达到“双赢”的效果。

信息物理工程学院青年志愿者会。

2015 年 11 月 24 日

课堂思考与分享

1. 请同学们思考本策划书在具体实施过程中会不会出现问题？

2. 如有问题，你有更好的办法解决吗？

 学习情景

某职业学校轨道运营专业学生林潇潇，刚进学校就加入了学校校团委宣传部。10月初，学校拟举办一次全校型的红歌会歌咏比赛，要求宣传部策划并组织本次活动。林潇潇作为该部门的成员，承担了本次活动的策划工作。林潇潇通过上网查阅资料，向老师咨询等方式，了解了策划方案应写明的内容，并根据策划书的写作结构和要求，规范地写出了一份《××职业学校“红歌会”歌咏比赛活动策划书》。宣传部根据活动策划书，有序、成功地举办了本次歌咏比赛，收到了良好的效果，得到了学校老师和领导的一致好评。

 学习任务

任 务 书

1. 任务名称：撰写活动策划书。

2. 学习目标：

（1）结合所学知识，能够正确把握写作情境，制订出内容可行、格式规范地计划。

（2）能结合专业学习，熟练运用计划这种文种应对现在的学习及将来的工作，加强书面沟通的效果。

（3）能根据实际需要，快速有效地解决学习和工作中的相关文字事务，自觉提高书面沟通的能力。

3. 任务描述：在本次任务中，我们将完成活动策划书的学习任务，根据实际需要完成写作任务，并上交正确书写的电子文书。

4. 任务要求：

（1）在教师指导下，学习计划的写作规范及注意事项。

（2）能根据需要撰写不同类型的计划。

（3）在教师指导下，能熟练运用此类文种，完成工作任务。

课堂思考与分享

1. 请同学们思考哪些时候需要书写策划书。

2. 请同学们拟写策划书的写作结构及要求。

3. 请同学们思考策划书书写时应注意哪些事项？

计划概述

计划，是单位、部门或个人对未来一个时期的工作，或对将要开始的工作单元事先做出安排的一种应用文。

一、计划种类

计划可从多种角度进行分类：

1. 按内容分，有综合性计划和单项计划。综合性计划，是指一个机关、团体、企事业单位的全面工作计划。单项计划，也叫专项计划，是指某一方面工作的专题计划。

2. 按功用分，有工作计划、生产计划、学习计划、教学计划、实验计划等。

3. 按范围分，有国家计划、部门计划、单位计划、个人计划等。

4. 按时限分，有长远计划、年度计划、季度计划、月度计划、周计划等。

5. 按形式分，有条文式计划、表格式计划、条文表格结合式计划。

6. 按目标的远近、内容的详略、时间的长短、成熟的程度、创新的要求等标准综合分类，有以下种类：

（1）规划（纲要）、设想（构想）。规划（纲要）适用于时间长、范围较广的工作或单元，侧重于宏观层面使用，是所有计划种类的纲，起总的指导作用，内容方面多为原则性的表述，粗线条式的勾勒；设想（构想）多停留在未定稿前的商讨阶段，或为酝酿讨论时的口语性表达，如《关于××××年的发展设想》，一旦经会议确定了最终的目标，用正式文件发放时，则使用“规划”这一名称。

（2）意见、要点。上级对下级下达任务、布置工作。其内容表述也是粗线条的，对工作所定目标和方法步骤也属原则性的。

（3）计划、方案。最能体现计划本义，是计划文种代表性名称，其内容表述较详尽，从目标要求、工作内容、方式方法到实施步骤等都做出全面、具体而明确的安排。计划侧重于一个时段内的综合性工作，方案侧重于一个具体的工作单元。

（4）安排。对短期事项作详尽的表述、最具体的布置。

（5）打算。对近期将要做的事情的指标或措施作粗线条的考虑，多为口头的表述，正式的计划一般不使用这一名称。

（6）策划书。对于在创新性方面要求较高的工作单元所作出的计划，可称之为策划书。

二、计划的特点

第一，预测性。计划不是对已经形成的事实和状况的描述，而是在行动之前对行动的任务、目标、方法、措施所作出的预见性设想。但这种预想不是盲目的、空想的，而是以上级部门的规定和指示为指导，以本单位的实际条件为基础，以过去的成绩和问题为依据，对今后的发展趋势做出科学预测之后制定的必要的、科学的、可行的目标措施；既用来指导工作实践，也有待于工作实践的检验。

第二，明确性。计划的目标、任务、要求、步骤、期限、方法、措施等都要十分具体而明确，这样才具有可操作性，才能保证计划的顺利实施。

第三，可行性。计划目标必须切实可行，既不能过高，也不能过低，否则都会使计划失去意义。

第四，约束性。计划一经通过、批准或认定，在其所指向的范围内就具有约束作用，无论是集体还是个人，都必须按计划的内容开展工作和活动，不得违背和拖延。当然，执行过程中还要根据主客观条件的变化，适时调整修订，所以，制订计划要留有余地。

所谓准备，除了人力、物力、财力的准备之外，最重要的首推智力准备，而计划就是最基本的智力准备。制定计划，是工作有序、协调、高效运行必不可少的程序和措施。

策划书的格式及要求

第一，策划书名称

写清策划书名称，简单明了，如“×× 活动策划书”，“××”为活动内容或活动主题，不需要冠以单位名称。如果需要冠名单位，则可以考虑以正、副标题的形式出现。

第二，策划书活动背景、目的与意义

活动背景、活动目的与活动意义要贯穿一致，突出该活动的核心构成或策划的独到之处。活动背景要求紧扣背景，鲜明体现在活动主题上；活动目的即活动举办要达到一个什么样的目标，陈述活动目的要简洁明了，要具体化；活动意义其中包括文化意义、教育意义和社会效益，及预期在活动中产生怎样的效果或影响等，书写应明确、具体、到位。

第三，策划书活动时间与地点

该项必须详细写出，非一次性举办的常规活动、单元活动必须列出时间安排表。活动时间与地点要考虑周密，充分顾及各种客观情况，比如场地因素、天气状况等。

第四，策划书活动内容

活动内容为活动举办的关键部分。活动内容要符合主题旋律，健康向上，富有教育意义与启示意义，详细介绍出所开展活动的主要内容。杜绝涉及非健康文化的消极内容。

第五，策划书活动开展

作为策划的主题部分，表述方面要力求详尽，不仅仅局限于用文字表述，也可适当加入统计图表、数据等，便于统筹。活动开展应包括活动流程安排、奖项设置、时间设定等。涉及奖项评定标准、活动规则的内容可选择以附录的形式出现。

活动流程安排大致可以分为三个阶段：

（1）活动准备阶段（包括海报宣传、前期报名、赞助经费等）。

（2）活动举办阶段（包括人员的组织配置、场地安排情况等）。

注：须注明开展活动的阶段负责人、指导单位、参加人数等信息。

（3）活动后续阶段（包括结果公示、活动开展情况总结等）。

第六，策划书活动经费预算

经费预算要尽量符合实际花费；写出每一笔经费预算开支。

第七，策划书活动安全

对于大型活动和户外活动，要成立安全小组，指定第一安全负责人，充分考虑安全隐患，把人身安全放在活动开展的首要位置。在策划书的结尾，写明策划单位、策划时间以外。

第八，注意事项

如有附件（比赛规则、评分标准、奖项设置等）可以附于策划书后面，作为附录部分。

课后作业

根据学校实际，某职业学校为了举办好“20×× 届毕业生模拟招聘会”“中华励志美文朗诵大赛”等全校性的大型活动，请在老师的指导下制定各项活动的策划书，请就其中的一项活动代为草拟一份策划书。

四 任务实施

请根据以下信息制定一个接待方案。

×× 职业学校刘校长应我校陈校长的邀请，将于 2017 年 5 月 10 日至 15 日对我校进行访问和考察。刘校长一行 6 人（除刘校长外，教授 1 人、副教授 4 人。其中女士 2 人，均为副教授），均为汉族。刘校长一行此次主要是考察学习我校的德育教育及校企合作等工作经验。除学习外，刘校长一行还将游览遵义会议遗址、息烽集中营。

错案分析

×× 县经委今后八个月工作计划

为了完成县委、县政府下达 3.1 亿元工业总产值 (力争 3.5 亿) 的任务以及各项经济指标，我们计划在今后八个月主要抓好几方面工作：

（一）进一步深化企业改革。我们在全面推行厂长 (经理) 任期目标责任制的基础上，从实际出发，有针对性地分别实行租赁、承包、百元工资税利制和工资总额与企业经济效益包干等经营方式，把权、责、利全面落实到企业及其经营者身上，使企业真正成为相对独立的经济实体，成为自主经营、自负盈亏的社会主义商品生产者和经营者，较好地调动企业厂长职工的积极性，增强企业活力，促进生产发展，并使这一改革能够健康发展，深入持久地坚持下去，采取有效措施加以保证。

（二）加快新单元和技术改造单元的建设速度，确保这些单元预期投产，发挥效益。主要抓好苎麻纺织、印染工程等单元，并实行目标责任制管理，使这些单元预期投产，早日发挥效益。

（三）进一步加强企业管理，提高企业经济效益。我们坚持以改革为动力，促进企业的发展，加强管理，提高企业经济效益，把增产节约、增收节支的工作作为提高企业经济效益的重要工作来抓，要求企业产品总成本、企管费及车间经费都要下降。具体措施：（1）调整企业产品结构，大力增产适销对路产品，实现多产快销。（2）加强企业管理，挖掘企业潜力，调整定额，向管理要效益。

（四）加强企业职工思想教育、技术培训，努力提高企业职工队伍、技术。为企业上等级和企业现代化管理打基础。（1）全面进行思想、纪律、法律教育，全面提高工人思想觉悟。（2）搞好技术培训和职工文化、技术学习，努力提高职工队伍技术素质。

思考与讨论：

请从本案例里找出该文存在的主要问题？

正确案例

××职业技术学院装备中心第××周工作安排

（20××年××月××日至××月××日）

序　号	主要工作	完成时间	责任部门	备　注
1	中心财产清查的后续完善工作	周一	财务部、学院办公室	
2	省第七届学生计算机作品上报	周二	信息管理部	
3	勤工俭学年报上报工作	周三	勤工俭学部	
4	旅行社清算的准备工作	周三	财务部	政治学习
5	旅行社清算的准备工作	周四	财务部	
6	做好风险防范管理的前期工作	周五	财务部	
7	完成“十三五”教育装备成果图册汇编	周五	音制部、信息管理部	

填报人：杨××　　　　　　　　填报日期：20××年××月××日

说明：该表作为各部门学期考核的主要依据，每周上报一次，截止时间为周五上午，各部门必须及时上报，不得拖延。

教学内容

计划的结构与写作要领

计划一般包括标题、正文和落款三个部分。

1. 标题

由单位名称、时限、内容及文种名等构成，如“××技工学校××年度学生工作计划”，有的计划也可以省略单位名称、时限等内容。如果计划处于酝酿或过程中，或者还没有批准通过，应在标题后加括号注明“初稿”“草案”或“征求意见稿”等字样。

2. 正文

计划没有固定的格式，可以采用条文式、表格式，还可以采用条文表格结合式。条文式计划，主要用说明的表达方式，分条列项地表述内容，形势比较灵活；表格式计划，主要是用表格的形式体现计划的单元和内容，条文表格结合式计划，主要是以表格为载体，辅以简要的文字说明。

（1）前言。主要说明制定计划的依据、目的、指导思想及有关背景，回答“为什么做”和“能不能做”的问题。前言要简明扼要，表述时常用“为了……”“根据……”

之类的介词结构起句，最后用“为此，特制订如下计划”等过渡句转入主体部分。

（2）目标和任务。目标和任务是计划的灵魂和核心，回答“做什么”和“做到什么程度”的问题。要求提出明确的目标、任务和重要指标，如数量、质量、进度等。计划要对所要完成的总目标、总任务进行科学分解，使各项任务既有质的规定，又有量的要求，做到目标明确、任务具体、要求清楚。

（3）措施和步骤。“措施”是为保证任务目标的实现拟采用的举措和办法，包括如何组织领导、如何安排人力物力财力等。如需要创造出条件，组织哪些人力、物力，每项任务怎样分工，哪个部门主管，哪个部门协同以及责任人等，都要具体明确，回答清楚“怎么做”的问题。“措施”必须针对实际，具体可行，便于落实。

“步骤”是执行计划、开展工作的程序和时间安排以及要求等，回答“何时做”“什么时间完成”的问题。步骤要符合实际，合理有序，可操作性强。

目标、措施、步骤是计划内容的三要素，目标任务明确，措施办法得当，步骤安排合理，才便于执行。

（4）结语。可以提出执行计划时的注意事项，或强调工作的重点和主要环节，或展望计划实施的前景，或提出希望和号召，也可以不写。

3. 落款

说明计划的制定者和制定计划的日期。如果标题已写明制定单位名称，那么署名也可以省略。单位计划如需呈送上级机关，一般要加盖公章。

计划写作的注意事项

1. 要符合政策

制订计划必须以党和国家的有关方针、政策为指导，全面贯彻上级指示精神，把这些政策和精神落实到计划的具体内容中，服从大局，这样才能确保计划的正确性。制订计划的指导思想和依据通常都在计划前言中明确写出。

2. 要从实际出发

把全局需要同本单位或个人的实际情况结合起来，在调查研究的基础上，以科学的态度分析实际情况，充分考虑有利的因素和存在的困难，合理制定目标，不搞花架子，不脱离实际，做到实事求是，量力而行。

3. 要具体明确

计划规定的任务一定要重点突出，具体明确，有主有次，同时要有明确的要求，要规定清楚数量、质量、工作步骤和时间进度，决不能模棱两可，责任不清，要求不明。要针对任务提出具体措施，提出实施计划的具体办法和力量部署，保证计划完成，便于执行、督促和检查。计划主要采用说明的表达方式，说清楚做什么、做到什么程度、怎么做、什么时间做（完）等问题，不议论、不抒情、不描写。

4. 要留有余地

计划是对未来工作的预测性设想和安排，有待于工作实践的检验。在计划实施过程中，当情况发生变化时，计划内容可以灵活而适当的调整，使计划能顺利完成。

课后作业

根据个人实际，结合所学专业，确定你的发展目标，并制定一份自己在职校就读期间的成长计划。

书写练习

请在下面的格子里书写“凡事预则立，不预则废。”

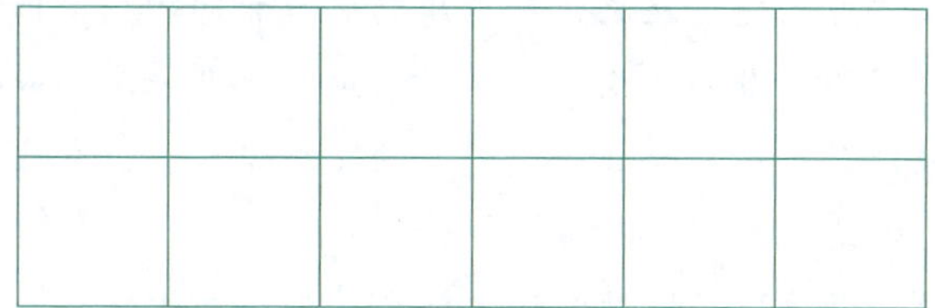

子任务二 总结

一 学习引导

我们做任何工作，只要科学筹划、虚心求教、精心准备、周密组织、热情参与，都是可以取得成功的。但无论活动组织得如何，都需要进行反思。反思是进步的阶梯。

反思是对自己所作出的行为、决策以及由此所产生的结果进行审视和分析的过程，是一种通过提高参与者的自我觉察水平来促进能力发展的途径。反思是一种批判性思维活动，应当贯穿行为过程的始终。而在行为结束以后把这些思维活动记录下来，作为一种应用文体就是“总结”，反思和总结的能力是我们学习和工作的基本功。

案例分享

新闻传播学院工会 ×××× 年工作总结

工会的基本职能有四项，一是维护职能，即维护职工的合法权益；二是建设职能，即动员职工参与建设和改革；三是参与职能，即组织职工参与民主管理；四是教育职能，帮助职工提高思想文化素质。

一、维护职能。在院党组织的领导下，积极维护教职工的合法权益。定期召开教代会，学院内涉及重大教职工权益的有关工作或福利政策，须经教代会通过。日常注意听取和收集教职工的意见，涉及职工权益的，要与有关部门沟通并及时给教职工以答复。工会主席代表教职工的利益，积极参加学院院务委员会会议，在委员会中站在教职工的立场发表意见，参与决策。

二、建设职能和参与职能。积极动员职工参与学院各项建设，在教学、科研和学院文化建设方面做一些工作。本学期协助学院召开两次教学和学生工作沙龙，发动教职工对教学和学生工作方面进行反思，找出薄弱环节和问题，提出积极的建议。在学期开始阶段开一次，提出问题和建议；在学期结束时再开一次，进行了总结。组织了一次学院的校友返校活动，策划建立一个校友的交流平台，听取已经毕业的校友对我院教学和学生工作的意见。

三、教育和桥梁纽带作用。协助学院党总支，积极组织学院教工的学习活动，邀请有关专家为教职工提供有益的讲座，积极开展文化活动，提高学院教职工的总体素质。发挥纽带作用，有两个方面，一是作教工和学院之间的纽带，一是作教工之间的纽带，排除相互间的误解，避免摩擦，增加沟通和理解。为此，工会应在平时注意发现问题，及时沟通解决问题，此外还要组织学院教工集体的文化娱乐活动，创造交流机会、建立沟通的平台。本学期安排了两次活动，一是在学期开始时，举办一次聚餐会，一是在元旦时按惯例，组织学院的忘年会，集体迎接新年。此外，积极组织学院体育健身活动，进行乒乓球比赛、羽毛球比赛等。

四、职工福利和送温暖活动。根据年节和季节，协助学院发放相关的福利物品和奖金。在春秋两季组织职工的疗休养活动。对生病和生育的职工要积极地关心，进行探望和慰问。

该例文从哪几个方面进行了总结？

二　学习情景

十月份，某职业学校成功举办了“第××届文化艺术节”，该活动邀请了上级单位、合作企业、联办学校、生源学校等单位领导莅临现场观看本届文艺会演。该文艺会演集小品、舞蹈、歌唱、乐器表演为一体，形式丰富多样，内容精彩纷呈，得到了受邀嘉宾的一致好评。虽然活动成功举办了，但在某些方面还有待提高。学校领导要求主办本次文艺会演的校团委就本次活动的举办进行总结。校团委干事温暖从活动的策划、节目的质量及形式、节目的串联、工作人员的工作情况、舞台布置等方面进行了全方位的总结，实事求是，总结到位，既总结出了本次活动取得的成绩，也找出了活动中存在的问题，为下一年的文化艺术节提供了较好的借鉴经验。

三　学习任务

任　务　书

1．任务名称：撰写活动总结。

2．学习目标：

（1）能够对工作作出较为深刻的反思，并根据具体情况的要求写出规范的总结。

（2）能结合专业学习，熟练运用总结这种文种应对现在的学习及将来的工作，提高书面沟通的能力。

（3）了解总结的概念和作用，理解其区别于报告、回忆录、表扬稿等文种的主要特点，掌握总结的写作要领。

3．任务描述：在本次任务中，我们将完成活动总结的学习任务，根据实际需要完成写作任务，并上交正确书写的电子文书。

4．任务要求：

（1）在教师指导下，学习总结的写作规范及注意事项。

（2）在教师指导下，能熟练运用此类文种，完成工作任务。

1. 请同学们思考活动总结应该从哪几方面入手。

2. 请同学们思考总结书写时应注意哪些事项。

总结概述

一、总结的定义

总结，就是单位、部门或者个人对某一项专题工作单元，或过去一个时期内的工作、生产、学习、思想情况进行回顾、分析、研究，并做出客观评价、得出规律性结论，用以指导今后实践的一种事务性文书。

二、总结的特点

第一，目的的自我性。这是总结的本质特点。它以客观评价自身工作活动的经验教训为目的，以回顾自身工作情况为基本内容，以自身工作实践的事实为材料。总结出来的理性认识也应该反映自身工作实践的规律。

第二，体裁的理论性。总结是有思想的文体，要在回顾工作过程的基础上，进行分析研究，把感性认识上升到理性认识，归纳出能够放映事物本质规律的结论，这才是总结的价值所在。把总结写成流水账、自我表扬稿、回忆录、大事记、决心书等，这些都是源于没有把握住总结的理论性特征。总结的价值不在于记录，不在于备忘，更不在于炫耀和邀功。

第三，内容的真实性。一方面，总结所依据的事实材料必须真实，事例数据必须完全可靠，绝不允许杜撰和歪曲；另一方面，看问题要全面，评价要实事求是，有多少成绩写多少成绩，有什么问题写什么问题，不夸大成绩，也不粉饰问题。

三、总结写作的注意事项

第一，要善于抓重点。总结涉及本人或本单位工作的方方面面，不能不分主次轻重，面面俱到，而必须抓住重点，即工作中取得的主要经验，或发现的主要问题，或探索出来的客观规律。不要分散笔墨，巨细无遗，造成总结内容庞杂，中心不突出。

第二，要注意观点与材料统一。经验体会是从实际工作中，也就是从大量事实材料中提炼出来的。经验体会一旦形成，还是选择必要的材料予以说明，经验体会才能“立”起来，具有指导价值，这就是观点与材料的统一。

第三，要写得有特色。特色，是区别于其他事物的属性。每个人、每个单位情况各不相同，成绩各异。同一个人、同一个单位今年的总结与往年总结也应该不同。写总结时，要在充分占有材料的基础上，认真分析、比较，找到重点，不要停留在一般化上。

第四，语言要准确、简明。总结的文字要用词准确，用例确凿，评断不含糊；简明就是在阐述观点时，做到概括与具体相结合，要言不烦，切记笼统。

活动总结的格式及要求

第一，活动总结书名称

写清总结书名称，简单明了，如“×× 活动总结书”，“××”为活动内容或活动主题。如需要冠名单位，则可以考虑以正、副标题的形式出现。

第二，活动概述

写出对活动总体流程的一个宏观概括，包括活动时间、地点、主题、成效等。应注意语言的凝练性。

第三，活动流程

由于活动策划书中也涉及此项内容且比较详细，因此活动总结中的活动流程只是简单的概述，能够反映此行活动即可。切忌对活动策划书流程的复制粘贴，应注意语言的概括性。

第四，活动的自我评价

作为活动总结的主体部分，在做活动的自我评价时，要求内容系统、全面、客观。如实地反映情况，对成绩不夸大，对缺点不掩饰。

自我评价应包括以下两个方面：

一是，活动的优点：该部分主要介绍活动开展所取得的成效，活动的可取之处、过人之处等。包括这次活动开展取得了哪些成绩，在哪些地方做得还不错，有哪些新的想法及创意，有哪些经验是值得吸取的。

二是，活动的不足：总结出活动开展过程中存在的缺点及不足的地方。如这次活动在哪些地方做得不好，是不是过于枯燥和单调，是不是安排和组织上还欠妥当，应该采取哪些措施来增加活动的吸引力。

第五，活动的结果及意义

介绍活动开展后所带来的积极影响，分析此次活动的开展对以后发展的影响，以及能从活动中所得到的收获。

课后作业

某职业学校成功举办了“20×× 届毕业生模拟招聘会”“中华励志美文朗诵大赛”大型活动，请结合活动策划书的落实情况、校内外有关人员的点评等，认真分析、归纳、梳理活动各方面、各环节的经验教训，写一份该活动的专题总结，并在班级范围内推选出优秀作品上墙展示。

四 任务实施

根据应用文体语言的特征将下面的一段话按照总结的前言部分进行该改写：

时间如白驹过隙，一转眼，2017 年将要过去了，在过去的一年中，我公司的经济效益犹如穿云破雾的燕子，迅速飞向百尺竿头，比去年有大幅度的上升。公司上下兴高采烈、喜笑颜开，精神振奋。在新的一年即将来临之际，我们对刚刚过去的一年的工作做了初步的回顾与反思，现总结如下：……

错案分析

×× 厂 20×× 年青工文化补课工作总结

我厂应该参加文化补课的青壮年职工有 130 人，去年底普测合格有 39 人，还有 91 人需要继续补课。为了切实抓好青工文化补课这项工作，我厂于今年一月办起文化补习班。下面谈谈我们的初步做法和今后打算：

中央五单位《关于切实搞好青壮年职工文化技术补课工作的联合通知》下达以后，厂党支部 十分重视。支部书记及时召开支部会，研究这项工作。大家认为，我厂接近婚龄的女青年较多，如果不在近期内抓紧完成补课任务，将来困难会更大。因此，党支部决定在厂里开办初中文化补习班，并把这项工作交给工会和团支部具体抓。

会后，厂里成立了由工会主席、团支部书记和一名工人代表组成的“补课领导小组”，着手筹备办理。我们遇到的最大困难是一无教室，二无教师。面对重重困难，我们决定向临近的一所中学求援。在该所中学领导的帮助下，我们从他们那里聘请了三位教师，并租借了教室 。这样，我们根据学员文化程度的具体情况，编成了两个快班，一个慢班。每星期一、 三两个晚上和星期六一个下午来上课。开学以后，语文课本还缺一、二册买不到，我们又自己动手刻印教材，保证了教学工作的顺利进行。

为了保证教学质量，必须加强教学管理。我们制定了“学员守则”“考勤制度”

等必要的规章制度，并且各班配备了正副班长，负责考勤和收发作业。制定了制度就要严格执行。有一 段时间各班出勤率、作业完成率普遍不高。我们根据群众意见，规定无故旷课一次，扣发月奖金 10 分（我厂月奖金采用百分制评分法）；两次不完成作业扣 5 分。这件事对学员震动很大，出勤率、作业完成率都有所提高。

但是，光有这些还不够，还应该积极采取措施，帮助职工解决学习和生活中的具体困难，为他们解除后顾之忧。例如，我厂有不少孩子妈妈，因小孩拖累不能按时上课，工会就腾出一间房子，领导亲自动手，粉刷墙壁，购置了炊具、小床，办起了临时托儿所，解除了她们的后顾之忧。既有制度，又有措施，职工学习积极性大大提高，学员出勤率、作业完成率一直保持在 90% 以上。

在青工文化补课方面，我们取得了一些成绩，但也存在不少问题。目前，两个快班已经结业 ，对于考试及格的，我们将举办高中补习班，让他们继续学习、提高。对于考试不及格的，我们打算把他们插入慢班继续补课，待明年六月份再参加统考，争取明年全部完成补课任务。

20×× 年 12 月

思考与讨论：

请找出这则总结存在着的问题，并改正。

正确案例

就业工作先进个人工作总结

×× 职业技术学校金融系 朱 ××

我担任的是金融系 12 级市场营销班的班主任，学生 99 人。在这三年里，我始终坚持“与时俱进、服务学生；团结协作、共同育人”的工作理念，通过不懈探索和细致工作，我班学生一次就业（升学）率达 98%。现将就业工作总结如下：

一、认真做好就业指导工作，重视就业工作中的每一个环节。在学生入学伊始，我便做好学生就业工作的规划。三年来，我不断加强业务知识学习，了解和熟悉有关就业政策，坚持开展个性化就业指导教育，保证就业信息传递渠道通畅，沟通及时。认真组织毕业生参加学校组织得各类招聘活动。

二、积极主动与用人单位联系，帮助毕业人就业。我主动联系了 ×× 省电子商务中心、×× 食品有限责任公司、×× 保险股份有限公司等多家用人单位，分别组织了符合用人单位要求的学生参加面试，最终有 20 多位同学顺利被这些单位录用。在此过程中，我还注意对毕业生加强诚信驾驭，其中录取到 ×× 食品有限责任公司的潘 ×× 同学已被破格提升为 ×× 省区域营销主管。

三、鼓励升学考试，对参加升学考试的同学进行专业辅导，促进升学率提高。在我的鼓励下，有 21 名同学报考专升本考试，其中 17 名同学被 ×× 农业大学、×× 师范学院等高校录取，录取率达 81%。针对跨专业报考现象比较突出的情况，我利用自己的专业优势，对这些学生进行《西方经济学》《货币银行学》等课程的专业辅导，并认真研究历年考试真题，对他们进行了有针对性的训练。在 12 名跨专业报考 ×× 农业大学金融专业的同学中，有 9 名同学被录取。

四、认真细致地做好各项与就业相关的工作。做好毕业生信息核对、毕业生档案整理等工作，及时上报毕业生推荐表、毕业生就业协议书、证明函等材料；宣传毕业生进基层工作（顶岗实习、“三支一扶”等）事迹，帮扶“双困”毕业生就业，认真做好毕业生离校工作，确保学生安全离校。

五、注重就业工作的理论研究，做好工作思路和方法的总结。我参加了学校的“就业优秀论文评选活动”，并提交论文《浅析职校毕业生就业新特点及应对策略》，获得了一等奖。

“处处留心，事事用心”是我的座右铭。只有逗号，没有句号；只有更好，没有最好。就业工作是一项常做常新，永无止境的工作。在就业工作的开展过程中，我得到了系领导及就业办工作人员的支持和帮助。今后，我将会更加努力，以高度的敏感性和自觉性，及时发现、研究和解决工作中的新情况，并注意总结工作总的经验和不足，争取更好的成绩。

2015 年 7 月 20 日

教学内容

总结的写作格式

总结通常由标题、正文、落款三部分构成。

1. 标题

（1）公文式写法。一般包括单位名称、期限、内容和文种名等要素。如“×× 高级技工学校第 ×× 届艺术节总结”

（2）文章式写法。直接写明总结的中心内容。如“售后服务是企业的命根子”。

（3）复合式写法。先用一个生动形象的文章式标题，然后加公文式副标题点明内容。如“多彩社团 多元文化——铁路技工学校校园文化建设工作总结”。

2. 正文

总结的正文应分为前言、主体和结尾三个部分。

（1）前言。前言是正文的开头，一般用来简明扼要地概括学习、工作或生产的基本情况，并做出定性评价，给人一个总的印象。另外，还可以交代总结的缘由和背景，或对总结的内容、范围、目的作限定，或点明宗旨，提出主题等。前言要定好基调，有的放矢，重点突出，文字篇幅不宜过长，只做概括说明，不展开分析评议。

（2）主体。主体是正文的主干部分，一般要回答清楚“做了什么”和“做得怎样”这两个基本问题。具体包括三方面内容：

① 过程和做法。即写明这一阶段在什么思想指导下，做了哪些工作，分为哪几个阶段，采取了什么方法，解决了什么问题，取得了那些成绩，主客观原因是什么。

② 经验和体会。从做法和成绩中寻求工作规律，透过现象揭示事物的本质，交流经验体会，为下一阶段的工作提供指导。

③ 问题和教训。要坚持一分为二的观点，找出工作中存在的问题和不足，并分析主客观原因，由此得出教训。

（3）结尾。结尾的写法主要有：一是对全文进行归纳、概括；二是指出问题，引起人们的重视，然后扼要提出改进措施、今后打算、努力方向；三是简述工作的体会和认识；四是说明工作的发展趋势，提出新的目标。

根据总结主体各部分内容之间的逻辑关系，可将其结构形态分给纵式结构、横式结构和纵横式结构三种基本类型。

1. 纵式结构

纵式结构就是按照工作或活动单元的过程顺序组织材料。写作时，把工作过程按时间顺序划分为几个阶段，按阶段分别叙述每个阶段的成绩、做法、经验、体会。

2. 横式结构

横式结构就是根据工作的性质和内在规律，将整体工作分为几个方面或部分，按各部分之间的主次逻辑分门别类地依次展开内容，各层之间呈现横向的并列关系。

3. 纵横式结构

安排内容时，即考虑到时间的先后顺序，体现事物的发展过程，又注意 内容的逻辑联系，从几个方面总结出经验教训。这种写法，多数是先采用纵式结构，先写事物发展的各个阶段的情况或问题，然后用横式结构总结经验或教训。

主体部分的外部形式，有贯通式、小标题式、序数式三种情况

（1）贯通式适用于篇幅短小、内容单纯的总结。它像一篇短文，全文之中不用外部标志来显示层次。

（2）小标题式将主体部分分为若干层次，每层加一个概括核心内容的小标题，重心突出，条理清楚。

（3）序数式也将主体分为若干层次，各层用“一、二、三……”的序号排列，层次一目了然。

课后作业

以“——职校时期个人总结”为副标题写一份总结，结构形式及主标题自定，字数不少于600字。

书写练习

请在下面的格子里书写“天不言而四时行，地不语而百物生。”

 任务三 学会写作——请示、报告

子任务一 请示

 学习引导

进校后，你通过写申请书加入了学生会或社团，是为了获得组织学生活动的资格，现在你所在部门或社团要组织一次“我有一个梦想”主题演讲大赛，你能说服领导，让领导批准你的请求吗？

关于举办团干部培训班的请示报告

县委：

目前我县团干部队伍的现状与形势和任务的要求极不适应。据查，全县专职团干部中36岁以上的40名，其中41岁以上的28名，大大超过了有关规定。从文化水平来看，大专文化的仅占6%。而且近年来，团干部更新较快，每年平均30%左右。在新老交替过程中青黄不接的现象也较为突出。

为了改变这种状况，我们曾办过几期团干部培训班，很受欢迎。现在根据我们的师资能力，拟于今年10月至明年4月再办一至二期团干部培训班。具体意见如下：

（一）培养目标：培养具有理论水平和思想水平，较全面地掌握青年工作理论和团的业务知识，热爱团的工作，思想正派的团委书记和专职团干部。

（二）培训时间：3个月左右。

（三）内容和安排：①理论知识，约占总课时的65%；②团的工作理论，约占总课时的30%；③其他方面知识，约占总课时的5%。考试及格者，发给毕业证书，承认学历。

（四）学员条件：拥护十八大以来党的路线、方针、政策；作风正派；热爱团的工作，有创新和献身精神；具有一年以上的团的基层工作经验，有初中或相当于初中的文化；

年龄不超过 25 岁；身体强健。

（五）招收人数和报名办法：本次共招收 40 名，由各乡、直属单位、各系统的党委（组）和团委推荐，报县团委批准，填写一式两份的报名表。报名 7 月 20 日截止。

为了适应飞速发展的新形势之需要，加强团干部队伍的政治素质，完成培养有理想、有道德、有文化、守纪律的一代共产主义新人的使命，关键是建设一支符合四化要求的团干部队伍。办这个培训班就是为了这个目的。

以上意见，如无不妥，请转发有关单位。

××县团委
2017 年××月××日

思考与讨论：

1. 这则公文在格式和表达方面有哪些不规范之处？
2. 请找出这则公文中不符合有关规定的内容。

二 学习情景

为了浓厚校园文化艺术氛围，丰富同学们的课余文化生活，展示同学们的青春风采，增强同学们的自信心与荣誉感，锻炼同学们的口头表达能力，你想以校团委名义举办以“我有一个梦想”为主题的演讲比赛，你能获得领导的批准吗？

三 学习任务

任 务 书

1．任务名称：撰写请示。

2．学习目标：

（1）结合实际情况，学习撰写符合基本要求的请示。

（2）能结合具体情况学习，熟练运用请示应对现在的学习及将来的工作，提高书面沟通的能力。

（3）能根据实际需要，快速有效地解决学习和工作中的相关文字事务，自觉培养写作能力。

3．任务描述：在本次任务中，我们将完成请示的学习任务，了解请示的使用范围，掌握请示的写作格式和注意事项，根据实际需要完成写作任务，并上交正确书写的电子文书。

4. 任务要求：

（1）在教师指导下，学习请示的适用范围、写作规范及注意事项。

（2）能根据需要撰写出规范的请示。

（3）在教师指导下，能熟练运用此类文种，完成不同的工作任务。

1. 班上有哪些同学写过请示？在什么情况下才会要我们去写请示？

2. 请示和申请书有什么不同？

公务文书常识

公务文书是法定机关与组织在公务活动中，按照特定的体式、经过一定的处理程序形成和使用的书面材料，又称公务文件。无论从事专业工作，还是从事行政事务，都要学会通过公文来传达政令政策、处理公务，以保证协调各种关系，决定事务使工作正确地、高效地进行。

公务文书的特点

1. 内容和程序的合法性：公文的具体内容和制定程序必须符合法律和有关规章的规定，否则无效。

2. 形式和格式上的规范性。

3. 公文语体的简明性，观点严谨、鲜明，文字朴实、庄重。

4. 对机关工作的依赖性。机关工作是公文形成的基础，公文是机关工作的专用工具。

公务文书种类

按照国务院办公厅的规定，通用公文包括：

1. 决议。适用于会议讨论通过的重大决策事项。

2. 决定。适用于对重要事项或者重大行动做出安排，奖惩有关单位及人员，变更或者撤销下级机关不适当的决定事项。

3. 命令（令）。适用于依照有关法律公布行政法规和规章；宣布施行重大强制性行政措施；嘉奖有关单位及人员。

4．公报。适用于公布重要决定或重大事项。

5．公告。适用于向国内外宣布重要事项或者法定事项。

6．通告。适用于公布社会各有关方面应当遵守或者周知的事项。

7．意见。适用于对重要问题提出见解和处理办法。

8．通知。适用于批转下级机关的公文，转发上级机关和不相隶属机关的公文，传达要求下级机关办理和需要有关单位周知或者执行的事项，任免人员。

9．通报。适用于表彰先进，批评错误，传达重要精神或者情况。

10．报告。适用于向上级机关汇报工作，反映情况，答复上级机关的询问。

11．请示。适用于向上级机关请求指示、批准。

12．批复。适用于答复下级机关的请示事项。

13．议案。适用于各级人民政府按照法律程序向同级人民代表大会或人民代表大会常务委员会提请审议事项。

14．函。适用于不相隶属机关之间商洽工作，询问和答复问题，请求批准和答复审批事项。

15．纪要。适用于记载、传达会议情况和议定事项。

公务文书的格式

公文一般由份号、密级和保密期限、紧急程度、发文机关标志、发文字号、签发人、标题、主送机关、正文、附件说明、发文机关署名、成文日期、印章、附注、附件、抄送机关、印发机关和印发日期、页码等组成。

公务文书写作原则

1．内容上“三查三改”

查立意：看是否明确、完整、突出，改观点错误、浮泛空洞、文不切题、含混冗杂、不合逻辑之处。

查措施政策：看措施、规定、办法、意见是否符合政策，切实可行；改矛盾抵触之处及不求实效的官话、套话、大话、空话和不力之处。

查材料：看是否具体、真实、典型，改一般化、概念化和不实之处。

2．文字上“三查三改”

查篇章：看是否明确、紧凑、合理，改杂乱无章、上下脱节、主次详略不当等。

查行文：看是否精练、合乎语法和逻辑，修改用词不当、累赘、逻辑错误之处。

查文字：看是否规范，修改错别字、生造词语、滥用简称、标点错误和文面款式等毛病。

3．体式上“五查五改”

检查文种、标题、主抄送单位、附件、附加标记有否问题，如有即行订正。

办文必须迅速及时，不失时效。公文一般有一定的时效，特别是有明显时间要求的公文，如果超过时限，就会耽误工作，造成损失。因此，为了做到公文处理及时、迅速，必须健全制度，简化手续，增强时间观念，以保证公文尽快处理。

公文的保密也要符合要求，必须严格地执行保密制度，严格控制拟稿过程、印刷过程、处理过程，不管是什么人泄密，都是失职渎职，都要受到法律制裁。

公务文书写作要求

公文的种类不同，它的特定对象、目的、条件不一样；但是它们有明显的共性，写作时必须遵循这些共同规律。我们从多年写作实践中把它归纳为“二十字诀”：符合政令，行文严谨，格式规范，遵守规则，表述精当。

课后作业

为了加强在校同类专业同学的认识和友谊，促进同学们之间的感情，通过班会讨论决定：想利用晚自习时间组织一次相同专业班级的联谊活动，请你以班级名义向学生科写一份请示，就这次联谊活动有关的目的、时间、场地、设备、资金等问题做出具体请求。

四 任务实施

请按照要求实施如下任务：

为了浓厚校园文化艺术氛围，丰富同学们的课余文化生活，展示同学们的青春风采，增强同学们的自信心与荣誉感，锻炼同学们的口头表达能力，请根据学校实际，以校团委名义就举办以“我有一个梦想”为主题的演讲比赛，拟写一份请示。

错案分析

请　　示

厂办公室：

最近天气日渐炎热，为保证生产正常进行，特请安置降温设备。

四车间

2015 年 5 月 8 日

思考与分析：

1. 这个请示有问题吗？问题在哪里？

2. 请你尝试改写出正确的请示。

正确示范

贵阳铁路学校关于嘉奖李大民的请示

校团委：

策划部是校团委下属部门，负责校团委所有学生活动的策划与组织。该部门自成立以来，成功策划组织了形式新颖的学生活动，丰富了同学们的课余生活。近闻校团委在全校开展评优活动，故将为策划部负责人李大民评为优秀学生干部一事请示如下：

李大民，男，16 岁，工程测量专业在读学生。该同学自进校以来就在校团委策划部工作，从一个普通成员成长为该部门部长，该同学是以真才实干换来的，期间该同学成功策划组织了“成人礼”“演讲比赛”“辩论比赛”等活动，受到了师生的一致好评。

根据贵阳铁路学校 × 发〔20××〕×× 号文件精神，李大民同学符合评优条件，望予嘉奖。

妥否，请批示。

校团委秘书部

二〇一七年四月九日

教学内容

请 示 概 述

请示是“适用于向上级请求指示、批准、批转”的公文，请示属于上行文，是应用写作实践中的一种常用文体。凡是本机关无权、无力决定和解决的事项可以向上级请示，而上级则应及时回复。

根据请示内容的不同和写作意图分为三类：

1. 请求指示的请示。此类请示一般是政策性请示，是下级机关需要上级机关对原有政策规定做出明确解释，对变通处理的问题做出审查认定，对如何处理突发事件或新情况、新问题作出明确指示等请示。

2．请求批准的请示。此类请示是下级机关针对某些具体事宜向上级机关请求批准的请示，主要目的是解决某些实际困难和具体问题。

3．请求批转的请示。下级机关就某一涉及面广的事项提出处理意见和办法，需各有关方面协同办理，但按规定又不能指令平级机关或不相隶属部门办理，需上级机关审定后批转执行，这样的请示就属此类。

请示的结构与写作要领：

请示一般由标题、主送机关、正文、落款和附注五部分组成。其各部分的格式、内容和写法要求如下：

1．标题。请示的标题一般有两种构成形式：一种是由发文机关名称、事由和文种构成。如《×× 县人民政府关于 ×××××× 的请示》；另一种是由事由和文种构成，如《关于开展春节拥军优属工作的请示》。

2．主送机关。请示的主送机关是指负责受理和答复该文件的直属的上级机关。每件请示只能写一个主送机关，不能多头请示。

3．正文。其结构一般由开头、主体和结语三部分组成。

（1）开头。主要交代请示的缘由。它是请示事项能否成立的前提条件，也是上级机关批复的根据。原因讲的客观、具体，理由讲的合理、充分、上级机关才好及时决断，予以有针对性的批复。

（2）主体。主要说明请求事项。它是向上级机关提出的具体请求，也是陈述缘由的目的所在。这部分内容要单一，只宜请求一件事。另外请示事项要写的具体、明确、条项清楚，以便上级机关给予明确批复。

（3）结语。应另起段，习惯用语一般有“当否，请批示”，“妥否，请批复”，“以上请示，请予审批”或“以上请示如无不妥，请批转各地区、各部门研究执行”等。

4．落款。一般包括署名和成文时间两个单元内容。标题写明发文机关的，这里可不再署名，但需加盖单位公章。

5．附注。使用“请示”这一文种时，应出具附注。写法是，在成文时间下一行居左空两个字，加圆括号注明发文机关联系人的姓名和电话号码。

错案分析

请　示

因工作需要，我县急需购买小轿车一辆，请 ×× 市财政局批准调拨经费 ×××× 元。另：我县尚缺专业对口技术人员 ×× 名，请在制定明年人员编制时一并考虑。

妥否，请批复。

此致

敬礼

××县财政局

2000年6月7日

思考与讨论：

请找出这则请示存在的问题，并改正。

教学内容

请示写作的注意事项

1．切忌多头请示。请示一般主送一个机关，不多头主送，以免出现几个受文机关互相等待、推诿或批示的意见。

2．遵守“一文一事”的原则，主旨鲜明集中。

3．材料真实，不要为了让上级领导批准而虚构情况，也不要因为没能认真调查而片面地摆情况，提问题。

4．理由要充分，请示事项要明确、具体。

5．语气要平实、恳切，以期引起上级的重视，既不能出言生硬，也不要低声下气，客客套套。

请示和申请书的区别

请示和申请书都是以下对上，都是有所请求，但是存在三个方面的不同：

使用者不同。申请书适用个人；请示适用机关单位。

请求目的不同。申请书是因为个人原因有所求而写，如入团、转正等；请示的目的是为了解决公务事项。

文种不同。申请书属于一般应用文，行文比较自由；请示属于正式公文，程式性较强。

思考与讨论：

假设你要休学，是写休学请示还是休学申请呢？为什么？

课后作业

根据下列材料，拟写一份请示。

2016 年 10 月 12 日，后勤部向校团委递交了一份请示。内容大致如下：十月份又将是我校一年一度的文化艺术节，本着节约的原则以及为了让文化艺术节能顺利进行，为全校师生呈现一场别开生面的文艺表演盛宴，因此要求校团委安排款项约 2500 元，由后勤部代为购买以下表演用品：苗族舞蹈表演服装 10 套、傣族舞蹈表演服装 5 套、蒙古族舞蹈表演服装 12 套。

书写练习

请在下面的格子里书写“要想成就伟业，除了梦想，必须行动。”

子任务二　报告

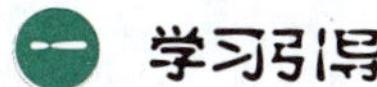

一 学习引导

在实际生活中，我们多数人都做过汇报。如果你是一位班干部，班主任一定会经常问：“最近班里情况怎样啊？”在很多电影里，经常会听到警察向目击者询问：“说说当时的情况是怎样的？”这时，你的回答实际上就是口头报告。

错案分析

关于 ×× 高速公路塌方的事故报告

×× 市高速公路委员会：

2015 年 ×× 月 ×× 日，×× 高速公路 ×× 路段发生塌方事故，造成一定的伤亡后果。事故发生前，桥面上分散有二三十名工人，已浇铸了近 200 立方的混凝土，而且违章施工，按照施工程序应分两次浇注的混凝土却一次浇注。初步分析事故原因是桥面负荷过重。事故发生后，近200名消防员、工地工人、公安干警赶到现场紧急抢救，抢救时间持续近28个小时。据查，该工程承建商是××市市政总公司第一分公司。

特此报告。

××市政工程总公司

2015年9月7日

1．这份报告有问题吗？问题在哪里？

2．请你尝试把它改写成一份正确的报告。

二 学习情景

“我有一个梦想”主题演讲比赛已经准备就绪，现在校团委书记要求作为本次比赛主要负责人的你做一个准备工作情况的报告，你能完成这个任务吗？

三 学习任务

任 务 书

1．任务名称：撰写报告。

2．学习目标：

（1）结合所学专业，根据将来工作情境的需要，学习撰写规范的报告。

（2）能结合专业学习，熟练运用报告这种文种应对现在的学习及将来的工作，提高书面沟通的能力。

（3）能根据实际需要，快速有效地解决学习和工作中的相关文字事务，自觉培养写作能力。

3．任务描述：在本次任务中，我们将完成报告的学习任务，了解报告的适用范围和写作要求，根据实际需要完成写作任务，并上交正确书写的电子文书。

4．任务要求：

（1）在教师指导下，学习报告的适用范围、写作规范及注意事项。

（2）能根据实际情况撰写恰当的报告。

（3）在教师指导下，能熟练运用此类文种，完成不同的工作任务。

报告和总结有什么不同?

报告概述

一、报告的含义

报告是下级机关或业务主管机关向上级机关汇报工作，反映情况，提出意见或建议，答复上级机关询问时形成的陈述性公文。

二、报告的种类

按性质划分，分为综合性报告和专题性报告；按时间期限划分，分为例行报告和不定期报告；按内容划分，分为工作报告、情况报告和咨询报告。

三、报告的写作格式及要求

（1）标题：包括事由和公文名称。

（2）上款：收文机关或主管领导人。

（3）正文：结构与一般公文相同。从内容方面看，报情况的，应有情况、说明、结论三部分，其中情况不能省略；报意见的，应有依据、说明、设想三部分，其中依据设想不能省去。从形式上看，复杂一点的要分开头、主体、结尾。开头使用多的是导语式、提问式给个总概念或引起注意。主体可分部分家二级标题或分条加序码。

（4）结尾：可展望、预测，亦可省略，但结语不能省。

（5）打报告要注意做到：情况确凿，观点鲜明，想法明确，口吻得体，不要夹带请示事项。

（6）注意结语：呈转报告的要写上“以上报告如无不妥，请批转各地参照执行。”最后写明发文机关，日期。

四　任务实施

阅读下列材料，拟写一份报告：

×× 书记：

现把“我有一个梦想”演讲比赛的准备工作情况，简要的向您汇报一下。

1. 邀请 ×× 老师、×× 老师等七位老师担任本次比赛的评委。

2. ×× 班的 ×× 同学和 ×× 班的 ×× 同学担任本次比赛的主持人。

3. 讨论制定了评分标准。

4. 现场布置的效果及人员分配已经确定。

准备工作如有遗漏或不妥之处，敬请指正。

团委宣传部　×××

×××× 年 ×× 月 ×× 日

错案分析

关于申请拨给灾区贷款专项指标的报告

省行：

×× 月 ×× 日 ×× 地区遭受了一场历史上罕见的洪水袭击。×× 江两岸乡、村同时发生洪水，灾情较重。经初步不完全统计，农田受灾总面积达 38 000 多亩，各种农作物损失达 100 多万元，农民个人损失也很大。灾后，我们立即深入灾区了解灾情，并发动干部群众积极开展生产自救。同时，为了帮助受灾农民及时恢复生产，我们采取了下列措施：

一、对恢复生产所需的资金：以自筹为主。确有困难的，先从现有农贷指标中贷款支持。

二、对受灾严重的困难户：优先适当贷款，先帮助他们解决生活问题。到 ×× 月 ×× 日止，此项贷款已达 ×× 万元。

由于这次灾情过于严重，集体和个人的损失都很大，短期内恢复生产有一定的困难，仅靠正常农贷指标难以解决问题。为此，请省行下达专项救灾贷款指标 ×× 万元，以便支持灾区迅速恢复生产。

以上报告当否，请批示。

×× 银行 ×× 市支行

×××× 年 ×× 月 ×× 日（印章）

思考与讨论：

1. 此报告有何问题？

2. 请依据文意改写。

×× 市人民政府关于治理 ×× 河水质污染问题的报告

×× 省人民政府：

省政府转来 ×××××× 委员会提出的关于 ×× 河水质污染状况的报告，经市政府调查研究，对报告中提出的有关问题及解决方案报告如下：

一、解决 ×× 河水质污染问题的关键是尽快建成污水处理厂。现在 ×× 河的污染主要是 × 区排放的污水所致。× 区的排放量为 2 5 万吨，污水比较集中，因污水处理厂未能及时建立，致使污水直接排入 ×× 河，造成了 ×× 河的污染。

为解决 ×× 河的污染，市政府已抓紧 × 区污水处理厂建设，争取在 2010 年建成。× 区污水处理厂原设计概算为 831.6 万元，按现行价格估算约为 1100 万元，已于 2008 年 10 月开工，建成了 8 项附属设施，计完成投资 200 万元。市政府今年安排的 300 万元投资已全部落实，×× 区城环局正在组织实施。

根据 ×× 河河道以南人口密集区的地下水污染和环境问题，在污水处理厂未建成之前，利用现有污水管道，把污水引到 × 区污水处理厂以西，污水直接排入污水处理厂的出口，这就避开了污染区。

二、电热厂的粉煤灰也是污染源之一。对于电热厂储灰厂的选址，必须考虑到对地下水和环境的污染。选址已责成 × 区电热厂抓紧做工作，争取尽快报市政府有关部门审批。对南储灰厂渗漏对地下水的污染，主要采取截流集中排放的措施，以减少对地下水的污染。

×× 市人民政府

二〇〇九年八月十日

报告与总结的差异

总结和工作报告是日常工作中经常使用的应用文种，但在具体应用过程中却总是将二者相互混淆，通过查阅资料认为可以从文种使用范畴和主体内容两个方面来把握二者之间的差异。

总结与工作报告虽都属于应用文，但总结为一般事务性应用文，而工作报告属于法定公文的一种，二者在使用范畴、行文规范和用语要求上有明显的差异。

一、在使用范畴方面，总结比工作报告使用范围广泛。

“总结”是单位、部门或个人对前一段的实践活动进行回顾、检查、分析和研究，从中找出经验教训和规律性的认识，从而指导今后实践而写成的应用文，在适用范围上既可以是单位与部门，又可以是个人；而“工作报告”是指向上级机关汇报本单位、本部门工作情况、做法、经验以及问题的报告。工作报告主要是在汇报例行工作或临时工作情况时使用，属于公文报告的一种，只适用于机关、团体或企事业单位。

二、在行文规范方面，总结要比工作报告宽松。

在行文要求上：总结的标题可使用公文式格式标题，如“关于 ××× 的总结”；也可使用一般文章标题，如“变化发展中的 ×××”；还可以使用具有新闻特色的双标题，如“创新管理，狠抓落实——××× 工作总结”；而工作报告则一般使用完整的公文标题，即“×××（单位名称）关于 ×××（事项）工作的报告”。此外，总结没有专属的文种结束语，而工作报告则常以“特此报告”“专此报告”“以上报告，请审阅”等作结语。

三、在用语要求方面，总结要比工作报告宽松。

在用语要求上：总结作为一般应用文其语言简明扼要即可，而工作报告作为上行公文的一种，其用于除了简明扼要以外，还需兼备所有公文用语严谨、庄重及上行文谦恭的特点。

校团委组织了假期社会实践已经结束，现在按要求你需要撰写一份 600 字的假期社会实践报告。

请在下面的格子里书写“错误经不起失败，真理却不怕失败。”

任务四 学会写作——专用书信、个人简历、自我鉴定

子任务一 专用书信——申请书

学习引导

在我们的学习生活中，有诸如家书的一般书信，在学习工作中还有一些专用书信，比如常常用到的申请书和求职信。

我们先来看看下面的案例。

转学申请书

×× 学校学生科：

我是本校 ×× 系 20×× 年进校的二年级学生。最近，我父母因工作需要调至南方 ×× 市工作。我是家里的独生女儿，自小得了小儿麻痹症，腿脚行动有些不便，加上从上学期起又得了风湿性关节炎，一个人独立生活有所困难，需要父母的关照。这样，留我一人在北方极为不方便，因此，请求学校将我的学籍转到我父母现在工作的 ×× 市 ×× 大学。特此申请，恳请批准。

此致

敬礼

申请人：张小会

20×× 年 12 月 28 日

例文结构完整，内容具体，转学的原因详细清楚，是一篇很好的转学申请书范文。

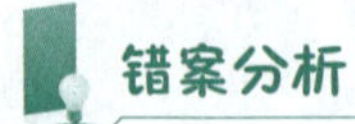

错案分析

案例一 结构完整，内容具体，但格式错误。

办理暂住户口申请书

×× 派出所：

我的内弟 ×××，是 ×× 省 ×× 乡 ×× 待业青年，职中文化程度，现年 19 岁，未婚。他来本市，经 ×× 厂招聘为合同制工人（电工）。该公司无住房，暂住我家，特申请暂住人口登记手续。请准予登记。

此致

敬礼

××××年××月××日

贵阳市北京路 ×× 号住户 李民

（附：身份证复印件一份）

案例二 格式正确，用词不当。

关于加入校篮球队的申请

校篮球队：

我是本校 ×× 系 2015 年进校的二年级学生。我热爱运动，喜欢打篮球，也受过专业训练，请务必让我加入篮球队。

此致

申请人：李刚

2016 年 9 月 5 日

思考与讨论：

1. 为什么会出现格式错误的申请书？
2. 申请书错误表达的影响？
3. 写申请书的注意事项？

二　学习情景

某职业学校学生方明因一次体育课不慎摔了一跤，造成左腿骨折，只能住院治疗。因在住院期间不能按时到校上课，只好休学在家安心养病，经过一年的治疗和调养基本痊愈，为了不耽误学习，他决定向学校写一份申请书，请求复学。

方明找到有关书籍和资料，学习申请书的写在格式、写法要求及写作注意事项，最后方明按照写作要求，格式规范、表达清晰地完成了申请书的撰写，最后把申请书递交给了学校，经学校领导研究决定让方明回校上课。

三　学习任务

任　务　书

1．任务名称：撰写申请书。

2．学习目标：

（1）结合所学专业，根据将来工作情境的需要，学习撰写申请书。

（2）能结合专业学习，熟练运用申请书这种文种应对现在的学习及将来的工作，提高书面沟通的能力。

（3）能根据实际需要，快速有效地解决学习和工作生活中的相关文字事务，自觉培养写作能力。

3．任务描述：在本次任务中，我们将完成申请书的学习任务，了解申请书的写作背景和写作要求，根据实际需要完成写作任务。

4．任务要求：

（1）在教师指导下，学习申请书的适用范围、写作规范及注意事项。

（2）在教师的指导下，能熟练运用此文种。

课堂思考与分享

1．班上有哪些同学写过申请书？

2．在什么情况下我们才要去写申请书？申请书应该怎么写？

课后作业

陈小江是刚进校的新生，想申请加入中国共产主义青年团，请你代他写一份入团申请书。

四 任务实施

请按照要求实施如下任务：

某职业学校学生方明因一次体育课不慎摔了一跤，造成左腿骨折，只能住院治疗。因在住院期间不能按时到校上课，只好休学在家安心养病，经过一年的治疗和调养基本痊愈，为了不耽误学习，他决定向学校写一份申请书，请求复学。

错案分析

申 请 书

领导：

去年我腿摔骨折了，经一年的治疗好了，现在想回学校上课，请领导批准。

此致

敬礼

2015 年 9 月 1 日

李　林

思考与讨论：

1. 这份申请书有毛病吗？问题在哪里？
2. 请你尝试改写一份正确的申请书。

教学内容

申请书概述

申请书是个人或团体因某种需要向上级有关部门、组织、领导、社会团体表达某种愿望，提出请求时所使用的一种十分广泛的专用书信。

一、职场最常见的几种申请书形式

申请书常见的几种形式包括工作调动申请书、退职申请书等。

工作调动申请书是因为个人或单位的需要调动工作而向原单位写的申请。转学申请书是因为父母工作调动或是因为自己学习的需要转学到其他学校，向原校写的把学籍转到要去的学校的申请。

退职申请书，是未到退职年限者因为快到退职工龄，因个人原因而提前向单位写的要求退职的申请文书。

二、申请书的写作格式及内容

申请书通常有固定的格式，其内容结构包括以下几部分。

第一部分，标题。在申请书第一行正中写申请书的名称，一般只写“申请书”三个字就可以了，有的则写出内容的主旨，如“入党申请书”“申请调换工种”等等。

第二部分，称呼。在标题下空一行顶格处写出接受申请书的组织、机关、团体、单位或领导的名称。称呼后用冒号。

第三部分，正文。正文是申请书的主体，在称呼下一行空两格处开始写。正文部分要写明申请的事情和理由。如果内容和理由较多，特别是申请理由较多的情况下，每一个理由都要分段写，以使层次清楚，不致混淆和错漏。

第四部分，结尾。结尾部分往往是表示礼节或恳切的愿望，如“此致敬礼”“恳请批准”“不胜感谢”等。

第五部分，署名和日期。在结尾下一行的靠右写上申请人姓名或单位名称。如是单位，要盖公章；如是个人，可盖私章，也可不盖。在署名后面写上写申请书的年、月、日。

三、申请书写作注意事项

1．申请的事情，要求的情况一定要写具体、写详细，有的细节也要写明，数字更要具体、准确。

2．申请的理由，一定要实事求是，不能虚夸和杜撰。

3．申请书的语言，一是要准确，二是要朴实，三是要简洁明了，四是要恳切。要认识到，语言表达得如何，常常会影响到申请的效果。

4．一事一书。

课后作业

刘含孤身一人来到异地求职进入一家公司工作，但是无住所，当他得知公司有少量的单身宿舍时就有了想法。请你代刘含写一份申请书请求公司解决他的住宿问题。

书写练习

请在下面的格子里面书写“笨蛋自以为聪明，聪明人才知道自己是笨蛋。”

子任务二　专用书信——求职信

一　学习引导

求职信是求职者写给用人单位的信，目的是让对方了解自己、相信自己、录用自己，它是一种私人对公并有求于公的信函。求职信的格式有一定的要求，内容要求简练、明确，切忌模糊、笼统、面面俱到。

错案分析

求 职 信

尊敬的 ×××× 先生 / 小姐 / 人事部门：

您好！ ×× 领导是我姑妈，她很关心我的求职问题，特让我写信给你，请多关照。加上我对贵网站网页兼职编辑一职很感兴趣，所以特写此信。

我现在是某学院的平面设计与网页设计专业学生李民，从 2015 年入校以来，一直在学院学报、院心理辅导网站的网站编辑工作。两年以来，对学报、心理网的编辑的工作已经有了相当的了解和熟悉。经过益阳市出版者工作协会的正规培训，并且获得了国家劳动部颁发的高级网站设计员的证书，我相信我有能力担当贵报所要求的兼职网页编辑任务。

我对计算机有着非常浓厚的兴趣。我能熟练使用 FrontPage 和 Dreamweaver、Photoshop 等网页制作工具。本人自己做了一个个人主页，日访问量已经达到了 100 人左右。通过互联网，我不仅学到了很多在日常生活中学不到的东西，而且坐在电脑前轻点鼠标就能尽晓天下事的快乐更是别的任何活动所不及的。

由于现在是大二阶段，学院的工作室以及单元制作安排的时间很灵活，决定了我拥有灵活的工作时间安排和方便的办公条件，这一切也在客观上为我的兼职编辑的工作提供了必要的帮助。

基于对互联网和编辑事务的精通和喜好，以及我自身的客观条件和贵报的要求，胜任该职位绰绰有余。本人谨以最诚挚的心情，应聘贵公司的会计一职，希望得到贵公司的尊重、考虑和录用，不过现已有多家公司要聘我，所以请贵公司从速答复，我相信我的努力能让贵公司的事业更上一层楼。

随信附上我的简历，本人于6月5日要放假回家，请人事经理务必6月1日前复信为盼。

此致

敬礼

2016年5月25日

李　民

思考与分析：

1. 这份求职信有问题吗？问题在哪里？

2. 请你尝试把它改写成一份正确的求职信？

二 学习情景

某职业学校客服专业毕业生刘芳，得知某市中国移动公司客服部门招聘客服座席专员数名后，决定向某市中国移动公司人力资源部门投递一份个人求职信。

刘芳赶快找到有关书籍和资料，按照求职信的书写规范、写作要求及写作注意事项，在规定的时间内写出了格式规范、内容完备、条理清楚、表达简洁的求职信，并投递给了某市中国移动公司人力资源部门，圆满地表达了他的求职愿望，找到了一份专业对口的工作。

三 学习任务

任务书

1．任务名称：撰写求职信。

2．学习目标：

（1）结合所学专业，根据将来工作情境的需要，学习撰写求职信。

（2）能结合专业学习，熟练运用求职信这种文种应对将来毕业找工作，提高书面沟通的能力。

（3）能根据实际需要，快速有效地解决学习和工作中的相关文字事务，自觉培养写作能力。

3．任务描述：在本次任务中，我们将完成求职信的学习任务，了解求职信的写作背景和写作要求，根据实际需要完成写作任务，并上交正确书写的电子文书。

4. 任务要求：

（1）在教师指导下，学习求职信适用范围、写作规范及注意事项。

（2）在教师指导下，能熟练运用此类文种，完成工作任务。

1. 什么是求职信？

2. 在什么情况下我们才要去写求职信？求职信应该怎么写？

3. 求职信与简历有何区别？

求职信概述

一、求职信的概念

求职信，也叫自荐信，它是求职者以书信的方式自我举荐，表达求职愿望，陈述求职理由，提出求职要求的一种信函文本，是求职者向用人单位展示自身知识本领、专业特长、工作能力、整体素质的媒介。

二、求职信的特点

（一）自我推荐性

求职信是向招聘单位发出的。其目的就是推荐自己，以期成功地得到自己想要的工作岗位，所以从这一角度讲，求职者在信中要阐明自己的专长和技能，向用人单位推荐自己。

（二）求职针对性

针对性就是针对相关招聘岗位或职务对人才能力、素质的要求，有意识地在求职信中展露自己的相关才能和素质。兵家说，知己知彼，百战不殆。求职信的写作要做到针对性，就要注意如下几个环节：分析目标单位及目标岗位——明确其期望能力或品质——对照自身特点，突出特长和优势。也就是说，下笔之前必须了解所应聘的公司、岗位的特点及其期望的能力或品质，对照自己的特长和优点，精选这些方面的经历、成就及证明材料，按一定要求进行组织、加工，考虑表达方法和技巧。

三、求职信的内容要素

（一）简要说明个人的基本情况及求职目标

个人的基本情况包括姓名、性别、年龄、籍贯、政治面貌、毕业学校、毕业时间和所学专业等。同时，求职者应在开头明确地提出能够胜任的岗位，为下文说明求职理由做准备。

（二）说明胜任招聘岗位的条件

这是求职信的核心部分，主要向对方阐明自己有哪些优势足以胜任这项工作，如适合所求职位的知识、经验、专业技能、特长、性格、兴趣和能力等，若受过某种培训或获取某种技能证书则更有说服力，如果能够展示自己比较擅长，比较精通的技能、技艺或具有突出能力和素质，并提供客观数据和相关奖励的证明，则更具有说服力。

用人单位比较看重实习或社会工作经验，如果有这方面的经历，应尽可能展示，如果没有这方面的经历．不妨多强调自己其他方面的优点，如工作热情、作风踏实、能吃苦耐劳、承受压力、守时守信、有较强的观察分析能力、有开拓创新精神等，让招聘者感到择业者良好的工作态度和心理素质，感到是个可塑之才。

求职条件注意根据应聘岗位的要求，紧扣主题，有针对性地“推销”自己。例如：

1．某企业招聘业务员，一位毕业生虽然成绩中等，但在求职信中展示了交际、应变能力，并重点列举了自己担任校级学生干部时如何出色工作，成功组织多种大型活动的情况等，结果被顺利录用。原因是他充分展示了组织管理方面的潜力，暗示自己有培养、发展的前途。

2．一位毕业生大谈自己的成绩如何优秀，忽略了业务员所需要的素质和能力的展示，结果应聘失败。

3．某部门需要一名分析检测员，有几位毕业生写了求职信，其中一名学生写道：“我性格外向、开朗，爱好文体活动，是学校文艺队和排球队的队员等”，显然这些内容与岗位不仅不相干，甚至有相悖的成分，作为求职信的内容，肯定会适得其反。

4．向公关、宣传部门推荐自己时，应重点介绍文艺、绘画、编排版、摄影、书法等特长及对外接待、对外活动能力等，暗示自己能胜任公关宣传工作。

（三）表达面谈的愿望

求职信的结尾要表明自己有应聘相应岗位的诚意、决心和勇气，希望有一个面谈的机会，并且期待对方的回音。还要写清详细的通讯地址、电话号码等，以便联系。

四、写作格式

（一）标题

标题一般为“求职信”或“自荐信”或“自荐书”。

（二）称谓

求职信如写给用人单位，称谓直接写明用人单位名称，如“××有限责任公司”、“××集团公司”；若写给用人单位的有关领导，则是单位名称、部门名称加职衔，如“××

公司人事部经理”“×× 市商业银行负责人”，若不知姓名，则可写“尊敬的领导”等。

（三）正文

1. 问候语

受信者如果是单位领导或负责人，求职信的开头应使用“您好”等问候语，并顺致谢意， 感谢对方百忙中阅读来信。如果行文送达的是单位，则不需要问候语。

2. 开头

求职信的开头应直接说明自己写信的目的和求职意图，使对方一目了然，迅速了解信的主旨，从而节约阅读时间。如“我是 ×× 大学即将毕业的学生，想在贵公司谋求一份职业”。

3. 主体

主要介绍求职者的基本情况和求职要求。

（1）基本情况包括姓名、性别、年龄、政治面貌、学历、职务、职称、经历、志向、性格、特长、所学专业。这部分要结合用人单位的招聘条件，突出自己的优势，比如重点介绍自己能应聘该工作的条件，有哪些主要成绩、特长、优势可以适合所求岗位，简单说明自己的个性有哪些地方更适合岗位需求，同时阐述自己的敬业精神以及为该单位效力的信心和决心，等等。突出与众不同的优势，才能引起用人单位的重视。

（2）求职要求包括求职目标、意图，如明确指出应聘该公司想要选择的具体岗位或职务的名称等。

4. 结尾

可再次强调求职者的愿望和要求，如“热切地盼望贵公司肯定的答复”“希望给予面试的机会”。同时告知对方自己的电话、通信地址和联系方式，用“此致敬礼”等惯用致敬语收束全文。

（四）落款

落款为署名和日期。署名一般为“求职者：×××”或“自荐者：×××”。

（五）附件

学历证明、职称证明、立功受奖证明及科研成果的复印件等；各种资格考试证明的复印件（如计算机等级考试，英语四级、六级证书等）；以前写过的论文、发表过的文章及译作，搞过的某项实验成果、专业课程成绩单（复印件）；实习单位的评定意见，社会名人、导师或老师的推荐信等都可酌情作为求职信的辅助材料一并邮寄或送交用人单位的单位。

四 任务实施

请按照要求实施如下任务：

某高级技工学校客服专业毕业生刘芳，得知某市中国移动公司客服部门招聘客服座席专员数名后，决定向某市中国移动公司客服部门投递了一份个人求职信。

求 职 信

尊敬的王经理：

昨日阅毕《×× 日报》，获悉贵公司招聘会计三名，我毕业于 ×× 财经学院会计专业，自觉对于此项工作尚能胜任，故大胆投信应征。

作为一名会计学专业的学生，我热爱这个专业，并在大学四年的学习生活中为其投入了巨大的热情和精力。此外，人际关系和心理学方面的训练，将有利于我与公司客户建立融洽的业务关系。

我曾在 ×× 百货公司做过业余会计工作，在实践中受益匪浅，随后还在该公司任财务分析员，时间长达两个月。其他关于该项工作的任职资格，请见随信附上的个人简历。

处于人生精力最充沛时期的我，渴望在更广阔的天地里展露自己的才能，期望在实践中得到锻炼和提高，因此我希望能够加入贵公司以进一步提高自己。感谢您在百忙之中给予我的关注，给我一片蓝天，我将还您一份惊喜。我热切期盼您的回音。

此致

敬礼

求职人：×××

2016 年 4 月 10 日

附：简历、资料（略）

求职信写作注意事项

要想成功地写好一封求职信，必须注意以下几个方面的问题。

1．内容富有个性

起草一封求职书从某种意义上来讲，如同精心策划一则广告，贵在有自己的特色与个性。不拘泥于通俗写法，且立意新颖，以独特的语言及多方位的思考方式，才让别人对自己的陈述引起注意，产生兴趣，留下深刻的印象，反之则效果大减。所以，以富有个性的行文内容来引起对方注意并使对方产生兴趣，是起草求职书非常重要的一个方面。

2．目的性明确，重点突出，结构合理

行文者应该根据自己预期要达到的目的来选择写作的内容。详略得当，重点突出，结构安排合理地介绍自己，先写什么，后写什么，主次分明。一定要强调对方可以感兴趣的技能和相关经验。不要使用不熟悉的词来表达模糊的概念，也不能使用模棱两可的词语，而应一一列举主要的能力，让用人单位一看就明白你的意图，了解你的专长，便于他们很快做出是否录用的决定。

3．语言清楚简洁，措辞有分寸

一封成功的求职信贵在简洁二字。因为用人单位领导一般业务繁忙，没有时间对每封信都字斟句酌。为此你的求职信要简短，不要过长。且信内语气要充满热忱，要保持良好的形象。热忱是会相互感染的，如果你真有热忱，不妨在求职信中借助得体的措辞，使对方充分感受到。另外，求职信中的句子要善于变化，应长短句交互使用，从而使得行文流畅，错落有致，生动活泼。还要把握好自己的语气分寸，这也是非常重要的。在这方面，既要充分表现、展示自己的个性和才能，又不能给人造成刻意浮夸卖弄自己的感觉。只有做到既不自卑又不自傲，才能让对方从信中了解到你是个既有能力又很稳重可信的人才，为你求职成功奠定良好的基础。

4．个人背景材料真实可靠

求职信的核心是推荐自己、表现自己的才能。但在介绍自己时，一定要实事求是、客观并符合实际。不能为了求职而胡吹乱侃，甚至弄虚作假，编造履历。

错案分析

××服装厂：

前天接到我的旧同学××的来信，说贵厂公开招聘生产管理员，我是××学校企业管理专业的毕业生，在校读书时，学习成绩优秀，爱好体育运动，是学校篮球队的成员。贵厂就设在我的家乡，我想，调回家乡工作正合我的心意，而且生产管理员的职务，也和我所学的专业对口。不知贵厂是否同意，请立即给我回信。

此致

敬礼！

×××谨上
2015年8月10日

思考与讨论：

1. 这封求职信用语是否得体？应怎么修改？
2. 结构上欠缺些什么？应怎么补上？哪些内容是多余的？把多余的删去。

课后作业

某职业学校客服专业即将要毕业的学生刘芳，为能在毕业后找到一份符合自己专业的工作岗位，请你代刘芳写一份求职信。

书写练习

请在下面的格子里书写“梦想的彼岸很美好，付出的过程很艰辛。”

子任务三 个人简历

一 学习引导

个人简历是求职者给招聘单位发的一份简要介绍。包含自己的基本信息：姓名、性别、年龄、民族、籍贯、政治面貌、学历、联系方式，以及自我评价、工作经历、学习经历、荣誉与成就、求职愿望、对这份工作的简要理解等。

错案分析

个 人 简 历

姓名：李豪　性别：男

出生年月：1987年2月　民族：汉族

毕业学校：×× 技术学校　学历：本科

英语水平：CET-6　身份证号：23043××××

主修：汉语言文学（文科基地）　政治面貌：党员　第二专业：金融

联系电话：135645898××　电子邮箱：an××××@163.com

博客地址：http://k.yingjiesheng.com/1069049

求职意向：语文教师，新闻记者，报社杂志社编辑，行政管理，银行、保险、证券、基金管理公司、企业财务部门、金融监管机构以及新闻媒介。

教育 / 经历

2011 年 9 月—2014 年 6 月 江苏省 ×× 中学

2014 年 9 月至今 ×××× 大学主修汉语言文学

2015 年 9 月至今 ×××× 大学辅修金融

计算机及语言能力

计算机等级考试：一级合格　普通话水平测试：二级甲等

大学英语六级，具备良好的听说能力和熟练的读写能力，汉语、英语口语能做到有序地成段表达。

工作经历、社会实践

1. 上海市东方语林汉语之家（2016 年 7—12 月）。

担任职位：兼职对外汉语教师。

工作情况：2016 年 7—12 月担任了两位来自韩国成年人的汉语教学工作。一位来自韩国的先生汉语程度较好，我主要负责通过讲授中国传统文化训练他的汉语读音、扩充他的词汇量、增加他对汉文化的理解。通过 6 个月的学习，他顺利通过了 HSK 9 级考试；另一位先生属于汉语初级水平，我主要给他讲授基本的中文对话，让他学习简单的词汇、发音以及相关语法。通过 6 个月的学习，他顺利通过了 HSK 3 级考试，基本掌握了中文的日常交流用语。在该机构工作期间，工作认真，态度谦和，获得了老师和学生的一致好评。

收获：通过这半年的教学经历，我学到了对外汉语的教学方法，增加了对外汉语教学经历，积累了对外汉语教学的经验。学会在授课时用简单易懂的术语解释复杂的中文意思。讲课时，语速尽量放慢，吐字清晰。确保学生能够听清我所说的每一个字和词。课前我认真钻研教材，备好每一堂课。在教授语言的过程中，我总是对学生尽心尽责，很有耐心。另外我还摸索到一些实用的教学方法，对于一些难理解的字词，我总是通过各种手段进行解释。比方说：简单的中文、英文、肢体语言等等，甚至还可以通过我先造句给出一种特定的语境，让学生在语境中体会字词的意思。

2．杭州日报社（2016 年暑假）

担任职位：实习记者。

工作情况：

（1）阅读新闻类专业书籍，学习基本新闻知识和技能诀窍。

（2）积极参加各类新闻采访和报道：

① 参加杭州日报举办的企业捐助寒门学子活动

② 对交警部门整治“两车行动”实地新闻采访、记录；

③ 自主采访老年协会太极柔力球球队；

④ 跟随采访企业“道路交通安全”培训班；

⑤ 采访城市平民修鞋匠。

（3）自主稿件誊写

收获：

（1）参与采访的新闻稿刊登于 8 月 15 日和 8 月 22 日的杭州日报（具体参见附带报纸）。

（2）新闻记者的生活是很辛苦的，但是锻炼了我的意志。

（3）要当一名优秀的新闻工作者首要有扎实的基本功和敏锐的嗅觉。要有从社会中发现新闻的能力，而且要有透过现象看本质的开掘力，使新闻拥有新角度、高深度。我在本次实习中接触到不同的社会群体，有企业家、寒门学子、交通警察、普通市民、修鞋匠……锻炼了人际交往的能力。

3．×××× 大学学生会（2016—2017 年）

担任职位：组织部副部长。

工作情况：在担任组织部副部长期间协助部门做好日常工作之外还开展主题团日活动，丰富团员文化生活；加强对干部队伍的培训和监督。本学年，在团委老师的指导帮助下，我们开展了“青春之歌主题团日活动”。迄今为止，共举办了三期。加强了对干部队伍的培训和监督，新一届团委学生会成立以后，吸收了大批的 07 级新生，这为我们的团学工作注入了新鲜的血液，但是众多新成员的加入，使我们面临着艰巨的引导任务；同时，众多主要的团学干部也需要尽快适应角色。为此，我们举办了几期团学干部培训班，邀请从事团学工作多年的资深老师有针对性地为我们讲解团学工作的要点，并播放相关的视频资料，收到了良好的效果。为了真正起到组织的监督作用，我们为每位学生干部制定了干部测评表，主要从年度目标制定、年度自我测评、团委老师测评、学校测评等方面，帮助学生干部全面地了解自身特点，提高工作能力。同时，为了检验上学期的工作，我们还针对 2017 学年下半年进行了测评，帮助大家总结过去半年的经验和收获。

收获：通过活动，丰富广大团员的参与积极性，增强了本人的组织、协调、合作能力。同时也增强了部门成员之间的凝聚力。

荣誉及个人特长

2015—2016 学年获 ×××× 大学“二等奖学金”

2016—2017 学年获 ×××× 大学“三等奖学金”

书法（2017 年 ×××× 大学举行的书法比赛中获得唯一的“一等奖”）

电子琴（专业六级）

自我评价

我在校期间学习认真，做事认真，办事计划性强，具有团队合作及创新精神、责任心和集体荣誉感极强，能吃苦耐劳，思想积极，虚心好学，自信乐观，大方直爽，为人随和，待人真诚，懂得换位思考，对于环境有较好的适应能力，对待学生能做到一视同仁。

思考与讨论：

1. 这份个人简历有问题吗？问题在哪里？
2. 请你尝试把它改写成一份正确的个人简历。

错案分析

这份简历最大的问题就在于内容的安排，无论是从描述方式，还是与求职意向的相关程度，都存在很多的问题。以下逐点分析：

（1）个人信息部分

“个人简历”四个大字不需要再写，看到这样的文档当然知道是简历了。

出生年月、民族、身份证号等信息不需要写，招聘信息中指明要提供时再写；政治面貌不需要写，如果是应聘高校、公务员、事业单位岗位可以写。

毕业学校、专业、辅修专业在教育背景中提及即可，不需要在个人信息中再重复。

关于个人照片的问题，如果形象不错的话，建议贴照片，否则不需要贴照片。如果贴照片的话，建议使用标准的简历照。

博客地址不需要加，招聘人员没有时间来看博客里面描述的鸡毛蒜皮的小事，此外，你在博客发泄不满情绪的文章被招聘人员看到的话，也许会被认为缺乏职业素养。

（2）求职意向部分

犯了填写求职意向的大忌：目标不明确，不是针对特定职位、特定公司或特定行业来写的求职意向。建议根据自己的职业发展意向及相关的职位来修改求职意向。从简历的实习经历内容及教育背景来看，这样背景的简历应聘教师、编辑、记者类的职位比较有优势，建议在求职意向中直接列出这类职位的名称。

（3）教育背景

教育背景的写法没有按照时间倒序的方式，并且还将高中的教育经历罗列出来，没有必要。由于主修专业（汉语言文学）与辅修专业（金融）的专业性质差别比较大，是否需要在教育背景中罗列辅修专业，应该根据求职意向来决定。如果应聘银行、证券、基金行业职位，辅修专业应该加上，并可适当加上所学的辅修金融专业的具体课程及相应成绩，但不可列举太多，选最相关的课程即可。

（4）实习经历及社会实践。

简历中既然有在企业的实习经历，建议将学校的社会实践经历单独提出来作为实践经历大项来写。现有的实习经历和社会实践经历描述虽然使用了“PAR 法则”（即P——Problem；A——Action；R——Result）来描述工作内容，但是没有遵循“关键词说话”“行为词说话”原则，在描述收获方面没有遵循用“结果说话”的原则。

在描述工作内容方面，采用了大段、流水账式的描述，不能有效突出自己的工作职责、所做的工作及所取得的成绩，招聘人员不可能有时间来仔细阅读，从中提取最相关的信息，应该采用逐项逐行描述的方式，便于招聘人员以最快速度看到实习工作亮点，这个版本的简历每段工作经历之后的收获描述空洞而缺乏客观结果、成绩支撑。

社会实践中的学生会组织部副部长的经历，也犯了相同的毛病，应该参照实习经历的修改方式和注意事项进行修改。

（5）荣誉及个人特长

建议将奖学金和书法比赛获奖的内容单独作为所获奖励模块来描述，并应该对奖学金的含金量进行简要描述，同时，应聘教师类、文职类职位可以加粗字体来突出书法比赛的奖励。电子琴的技能描述可以放到技能特长部分，与英语、计算机技能一起描述。

二　学习情景

某职业学校会计专业毕业生李然，得知某公司财务部急需招聘一名会计，李然想向该公司财务部投递自己的简历。

李然赶快找到有关书籍和资料，学习制作简历的规范和注意事项。最后李然在规定的时间范围内按要求制作了格式规范、内容完备的个人简历，圆满地完成了个人简历的撰写制作任务。

三 学习任务

任 务 书

1．任务名称：撰写个人简历。

2．学习目标：

（1）结合所学专业，根据将来工作情境的需要，学习撰写个人简历。

（2）能结合专业学习，熟练撰写个人简历，提高书面沟通的能力。

（3）根据实际需要，自觉培养写作能力。

3．任务描述：在本次任务中，我们将完成个人简历的学习任务，了解个人简历的写作背景和写作要求，根据实际需要完成写作任务，并上交正确书写的电子文稿。

4．任务要求：

（1）在老师指导下，学习个人简历的写作规范及注意事项。

（2）根据需要撰写个人简历。

（3）在老师的指导下，能熟练运用此类文种，完成工作任务。

1．个人简历的作用是什么？

2．在什么情况下我们才要去写个人简历？个人简历应该怎么写？

3．你会写个人简历吗？

个人简历概述

简历是求职的成功的敲门砖，是成功求职的关键第一步；简历是个人职业发展的驱动力；简历是自我营销的重要工具。

简历的组成部分

1．个人资料：姓名、性别、出生年月、家庭地址、政治面貌、婚姻状况，身体状况，兴趣、爱好、性格等等。

2．求职意向。

3．教育背景：就读学校、所学专业、学位、外语及计算机掌握程度等等。

4．本人经历：入学以来的简单经历，主要是担任社会工作或加入党团等方面的情况。

5．所获荣誉：三好学生、优秀团员、优秀学生干部、专项奖学金等。

6．本人特长：如计算机、外语、驾驶、文艺体育等。

彰显简历优势的四大原则

第一，真实性原则

所有公司的招聘人员都对造假简历深恶痛绝。这体现的是人品和基本的诚信。而且造假的简历几乎一定会被招聘人员在面试的时候发现。所以，在写简历的时候，我们应本着真实的原则来写简历，这样才可能走到最后，应聘成功。

第二，独特性原则

那么多求职者，为什么企业偏偏要选我？这是每个求职者必须了解的问题。所以写简历时要思考：我的经历中有哪些是大多数人不可能有的而企业特别关注的？专业性的术语、特殊的经历和数字永远比平淡描述更有打动人的力量。

第三，针对性原则

简历一定要根据应聘的目标职位来定制，而不能用一份简历打天下。写简历要用关键词说话，工作实习经历中的描述一定要与职位相关。简历的每一部分内容都需要尽可能与应聘的职位相关。

第四，简洁性原则

HR 面对的是成百上千的简历，平均每份简历只看 3 ～ 5 秒。之前提到的三个原则都是在为简历的“简洁”而服务的，做到简历的“外表”简洁，从而使简历最终达到“内涵丰富”和“外表简洁”的最佳状态，让招聘人员对你的优势一目了然。

简历制作的五大法则

1．量身定做——突出你所应聘的职位和你自身素质的相同点。

2．条理清晰——标新立异的简历很难从中找到需要的信息，所以最好参考简历模板。

3. 排版美观——要时刻谨记招聘人员的时间是宝贵的，简历在版式上不要太花哨。

4．言之有物——很难想象一个内容空洞的简历有什么竞争力。

5．言之有据——陈述应聘的理由，要突出个人最有说服力的部分。

四 任务实施

请按照要求实施如下任务：

某职业学校会计专业毕业生李然，得知某公司财务部急需招聘一名会计，李然向某公司财务部投递了自己的简历。

案例分享

<table>
<tr><td colspan="4" align="center">个 人 简 历</td></tr>
<tr><td>姓名：
民族：
毕业学校：
身高：
联系方式：</td><td>性别：
籍贯：
专业：
体重：</td><td>出生年月：
政治面貌：
文化程度：
健康状况：
E-mail：</td><td>贴照片处</td></tr>
<tr><td colspan="4">个人简历：
2013 年 9 月至今：就读于贵阳铁路高级技工学校电气化专业，学习期间一直担任班级团支书的职位</td></tr>
<tr><td colspan="4">技能证书：
维修电工中级、电工特种作业证、钳工中级、计算机中级、党训班结业证书</td></tr>
<tr><td colspan="4">获奖情况：
2013—2014 学年第一学期：“优秀团干部”“电子技能竞赛”第一名；2013—2014 学年第二学期：“机械制图竞赛”第一名、“三好学生”称号；2014—2015 学年第一学期：“全勤奖”“优秀团干”光荣称号；2015—2016 学年第二学期：“优秀学生干部”光荣称号、“电子技能竞赛”第二名、“PLC 技能竞赛”第一名；2016—2017 学年第一学期：校外实习期间评为“优秀实习生”</td></tr>
<tr><td colspan="4">社会实践经历：
2013—2014 学年暑期间到生产车间做暑期工；
2016—2017 学年在中铁五局一公司进行为期一个月的跟岗实习</td></tr>
<tr><td colspan="4">应聘岗位方向：电工、制图员、机加工等</td></tr>
<tr><td colspan="4">爱好特长：
我喜欢和人交往，有很好的自知自省能力，能认识、反省自身的过错，很乐于接受别人对我的不足和错误批评和教导；我的手动能力很强，对老师和师兄的示范操作能快速记忆并操作，对未完成的任务会很执着地去完成；我具备一定的组织管理能力，对管理好集体人员较有经验，另外，我喜欢集羽毛球活动。</td></tr>
</table>

自我评价：为人诚实，学习成绩优异，班级排名前三；在校学习了设施规划，工程管理，系统工程，人力资源与开发管理等。具有很强的观察能力，能够善于发现问题，并且及时解决问题，自学能力强，在校学习了一系列与计算机相关的知识；善于与人沟通，团队合作意识强，并且具有很强的推销能力。对所负责的工作会付出全部的精力和热情，在认真思考利弊后制订出缜密的计划，力争在最短时间内达到预期目标。
其他：诚恳希望加入贵公司！

思考与讨论：

如果你是公司人力资源部门，你会认可这份简历吗？为什么？

课后作业

某职业学校会计专业毕业生李然在招聘网上看见一家公司招聘一名会计，请你为李然制作一份个人简历。

书写练习

请在下面的格子里书写“有目标的人生才有方向，有规划的人生才更精彩。”

子任务四 自我鉴定

一 学习引导

每当我们学习毕业要找工作时、工作实习期满要转正时、职务职称升迁晋级时都需要对自己前期的学习工作做一个自我鉴定，可是如何才能写作完备的、规范的、满意的自我鉴定呢？

下面我们先看两个案例以学习其中奥秘。

案例一

我是 ×× 学校的 ×××× 年毕业生，在学校两年的实践学习，让我学会刚强，对建造工程造价专业有了更深的意识。由于自己踊跃参加学校各种运动，体育活动，让我学会了如何与别人交流，学会了工作的立场。

两年来我学会了勤恳，学会了顽强，学会了坚持，学会了诚实。我深入认识到在职校的学习是为了工作。对专业课的学习需要多练，不能有幻想。我在学习、工作和生活上碰到很多挫折，面对着这些，我选择了勇敢面对，而不是退缩。我在学校结交了很多朋友，交友的重要准则是诚实守取信，我做到了，我盼望诚实的我能够结交到更多的朋友。

我的学习成就在班上金榜题名，每个学期均拿到奖学金，获得“学习积极分子”“优秀学生干部”“优良学生”等称号。这些源于我对学习的酷爱，我认为做任何事件都要有兴趣，特别是学习，没兴致就学不好。我认为对专业课的学习不应只停留在课本上，还应当多阅读课外书。所谓“学海无边”，应时常对市场材料价格做考察。施工技术和材料是一直发展的，只有不断关怀最新施工技术与材料价钱，才能学好专业知识。

在学习上，对修建工程造价专业课程的学习，需要的知识面广，涉及施工技巧、材料性质、装备等方面的内容。学习专业课程，需要与实际结合，更需要端正学习态度，仔细、严谨地工作。有一点特殊的是修筑工程与经济相挂钩，在保障工程品质的条件下，应减少资料的损耗，选用更经济的材料。

在班上，我是体育委员。在工作中，须要常常与班上同学交流，倾听他人的看法。带领全班同学参加学校各类球赛活动。我需要带好头，为班群争荣誉。

离开学校固然很舍不得，但我晓得有更加高的目标等着我，所以我将持续发挥好自己的方面，精益求精。

案例二

珍贵的三年中专生活已接近尾声，此时回顾自己走过的路，以看清楚我的未来。个人认为这个世界上并不存在完美的人，每个人都有自己的优点缺点，但关键是能否正视并利用它们。大专这几年，我理性地认识自我，不断地自我反省，归纳了一些自己的优缺点。

诚实、热情、性格坚毅是我的优点。我认为诚信是立身之本，是我今后立身处世的根本。我应该继续保持这一优良传统，鼓励自己奋发向上。

我有个特点，就是不喜欢虎头蛇尾。做事从来都有始有终，要做的事就要全力以赴，追求最好的结果。在学习知识的同时，我懂得了，考虑问题应周到，不谋全局者，不足以谋一域，不谋万世者，不足以谋一时。这在我的毕业论文设计中充分展示了出来。

我认为自己最大的缺点就是喜欢一心两用，甚至多用。急功近利，喜欢一口气学许多东西，但是贪多嚼不烂，即使最后都能学会，也已经搞得自己很疲劳。如今想想，这样其实并不好。如果我一段时期内专注于一种学问，不求博但求精，相信一定能更深刻地理解并掌握这门知识。自从发现自己有这个缺点后，我常常告诫自己，步入社会后也不能一心多用。

通过三年的中专学习生活，我学到了很多知识，更重要的是有了较快掌握一种新事物的能力。思想变成熟了许多，性格更坚毅了。认识了许多同学和老师，建立起了友谊，并在与他们的交往中提升了自身素质，认清了自身的一些短处并尽力改正。能力也有很大提高，为将来走向社会奠定基础。

三年的中专学习生活是我人生的一小段，是闪闪发光的一段，它包含了汗水和收获。就在将要踏出校门的这一刻，我回想起许多在学校发生的事情，有悲有喜、有忧有乐。在这里我对人生做出了又一次感慨，时间是稍纵即逝的，有机会去实现自己价值的时候，尽量使自己活得更充实、更有意义，付出是显见的，收获总是显见的，但是只要肯去为目标奋斗，我相信收获绝对远远大于付出！

课堂思考与分享

1．这两个自我鉴定各有什么特点？

2．你更喜欢哪一个？为什么？

3．设想一下你将如何自我鉴定。

二 学习情景

某高级技工学校赵伟即将毕业了，班主任给每位学生都发了一份就业推荐表，其中有一项内容就是“自我鉴定”，要求学生认真填写并如期上交表格。

赵伟赶快找到有关书籍和资料，学习自我鉴定的知识，如写法规范、写作要求及写作注意事项。最后赵伟在规定的时间内按要求写出了格式规范、内容完备、条理清楚、表达简洁的自我鉴定，圆满地完成了任务，并且因为表格书写认真漂亮、内容真实有特点而找到了满意的用人单位。

三 学习任务

任 务 书

1．任务名称：自我鉴定。

2．学习目标：

（1）结合所学专业，根据将来学习、工作情境的需要，学习撰写规范的自我鉴定。

（2）能结合专业学习，熟练运用自我鉴定这种文种应对现在的学习及将来的工作，提高书面沟通的能力。

（3）能根据实际需要，快速有效地解决学习和工作中的相关文字事务，自觉培养写作能力。

3．任务描述：在本次任务中，我们将学习自我鉴定的撰写方法，了解自我鉴定的写作背景和写作要求，根据实际需要完成写作任务，并上交正确的电子文稿。

4．任务要求：

（1）在教师指导下，学习自我鉴定的适用范围、写作规范及注意事项。

（2）能根据需要撰写不同用途的自我鉴定。

（3）在教师指导下，能熟练运用此类文种，完成不同的工作任务。

1．自我鉴定的作用是什么？

2．班上有哪些同学写过自我鉴定？在什么情况下才会才要我们去写自我鉴定？自我鉴定应该怎么写？

3．你会写自我鉴定吗？

自我鉴定概述

一、自我鉴定的定义自我鉴定是对自己某一阶段内的政治思想、工作业务、学习生活等方面情况进行评价而形成的书面文字。

二、自我鉴定的特点：篇幅短小，语言概括、简洁、扼要，具有评语和结论性质。

三、自我鉴定的作用：

（1）总结以往思想、工作、学习，展望未来，发扬成绩，克服不足，指导今后工作。

（2）帮助领导、组织、评委了解自己，做好入党、入团、职称评定、晋升的依据材料准备工作。

（3）重要的自我鉴定将成为个人历史生活中一个阶段的小结，具有史料价值，被收入个人档案。

四 任务实施

请按照要求实施如下任务：

某职业学校学生赵伟即将毕业了，班主任给每位学生都发了一份就业推荐表，其中有一项内容就是“自我鉴定”，要求学生认真填写并如期上交表格。

教学内容

自我鉴定的写作格式

自我鉴定的结构由标题、正文和落款三部分构成。

一、标题

自我鉴定的标题有两种形式：

1．性质内容加文种构成，如《×××× 学年教学工作自我鉴定》。

2．用文种“自我鉴定”作标题。如果填写的是自我鉴定表格，则不写标题。

二、正文

正文由前言、优点、缺点、今后打算四部分构成。

1．前言。概括全文，常用“本学年个人优缺点如下：”“本期业务培训结束了，为发扬成绩，克服不足，以利今后工作学习，特自我鉴定如下：”等习惯用语引出正文主要内容。

2．优点。一般习惯按政治思想表现、业务工作、学习等方面的内容逐一写出自己成绩长处。

3．缺点。一般习惯从主要缺点写到次要缺点，也可只写主要的，次要的一笔带过。

4．今后打算。用简洁明了的语言概括今后的打算，表明态度，如“今后我一定×××，争取进步”等。

自我鉴定的正方行文，可用一段式，也可用多段式。要实事求是，条理清晰，用语准确。

三、落款

在右下方署名鉴定人姓名；并在下面注明年、月、日期。

案例分享

工作转正申请自我鉴定

×××× 年 ×× 月 ×× 日我成为公司的试用员工，到今天 2 个月试用期已满，现申请转为公司正式员工。

在岗试用期间，我在销售部学习工作。汽车销售是我以前未曾接触过的，在销售部领导的耐心指导和同事热心帮助下，我很快熟悉了汽车销售的规范操作流程。

在销售部的工作中，我一直严格要求自己，认真做好日常工作；遇到不懂的问题虚心向同事请教学习，不断提高充实自己，希望能尽早独当一面，为公司做出更大的贡献。当然，刚进入销售部门，业务水平和销售经验上难免会有些不足，在此，我要特地感谢销售部的领导和同事对我的入职指引和悉心的帮助，感谢他们对我工作中提醒和指正。

经过这两个月学习，我现在已经能够独立承担一般车辆销售业务，在以后的工作中要不断努力学习以提高自己业务能力，争做一个优秀的汽车销售顾问。

这两个月来我学到了很多，感悟了很多，看到公司的迅速发展，我深深地感到骄傲和自豪，也更加迫切地希望以一名正式员工的身份在这里工作，实现自己的奋斗目标，体现自己的人生价值，和公司一起成长。

在此我申请转正，恳请领导给我继续锻炼自己、实现理想的机会。我会用饱满的热情做好本职工作，为公司创造更大价值和销售业绩！

李　民

2015 年 9 月 5 日

1. 自我鉴定和自我总结有什么区别，从网上找一篇优秀的原创范文。
2. 赵伟马上要毕业了，请你替他写一篇自我鉴定。

请在下面的格子里面书写“知己知彼，百战不殆。”

任务五 学会写作——协议书、调查报告

子任务一 协议书

学习引导：在日常生活中，协议无处不在，就连简单地去电信营业厅办一张电话卡，都会给你一纸协议，这是代表双方在权利与义务上的一种约束，是具有法律效力的。

“我的 e 家——e8 套餐”协议书

甲方：中国电信股份有限公司长沙分公司

乙方：＿＿＿＿＿＿＿＿电话号码：＿＿＿＿＿＿＿＿宽带账号：＿＿＿＿＿＿＿＿

为答谢广大电信客户一直以来对贵阳电信的依赖和扶持，中国电信股份有限公司贵阳分公司（以下简称甲方）推出“我的 e 家”优惠套餐。为了维护甲乙双方的合法权益，双方就优惠套餐达成以下协议：

一、套餐优惠内容

（一）基础包套餐（可任选其一）

<table>
<tr><th>套餐类别</th><th colspan="3">套餐内容</th></tr>
<tr><td>□ 68 元 / 月使用套餐</td><td>1Mbit/s 宽带限 60 小时</td><td>5 元国内话费</td><td rowspan="5">1．含固话月租（价值 20 元）；2．固话来显和彩铃（价值 10 元 / 月）；3．含星空杀毒服务及互联星空普及邮箱（价值 10 元 / 月）；4．固话享受全天 11808 长途单次封顶优惠；5．本地网内通话同价，均按市话标准收取。（不含其他固网运营商）6.1Mbit/s 宽带用户可享受 1+1 宽带账号服务（价值 10 元 / 月）；2Mbit/s 宽带用户可享受 1+2 宽带账号服务（价值 20 元 / 月）；7．含超级无绳用户的超级无绳功能费（价值 10 元 / 月）；8．数字家庭（含家庭主页、家庭相册、家庭 DV 库、家庭日记、家庭通讯录、家庭社区服务等，免费提供 50MB 空间）。</td></tr>
<tr><td>□ 108 元 / 月使用套餐</td><td>1Mbit/s 宽带不限时</td><td>20 元国内话费</td></tr>
<tr><td>□ 128 元 / 月使用套餐</td><td>2Mbit/s 宽带不限时</td><td>35 元国内话费</td></tr>
<tr><td>□ 1180 元 / 年使用套餐</td><td>1Mbit/s 宽带不限时</td><td>20 元国内话费</td></tr>
<tr><td>□ 1380 元 / 年使用套餐</td><td>2Mbit/s 宽带不限时</td><td>35 元国内话费</td></tr>
</table>

（二）可选包套餐（可同时选择，但同一优惠包内容只能选一项）

1．亲情捆绑包

□ 1.1 加 5 元功能费，可捆绑一个小灵通，免月租，免来显费用，互拨免费，捆绑号码：＿＿＿＿＿＿＿＿

□ 1.2　加 10 元功能费，可捆绑一个固定电话，免月租、互拨免费，捆绑号码：____________

2. □星空娱乐包：15 元 / 月。含星空电影（15 元 / 月）、星空连续剧（15 元 / 月）、星空音乐（15 元 / 月）。

3. □通信助理包（Ⅱ）：6 元 / 月。含 96121（3 元 / 月），语音号簿（5 元 / 月）□固话秘书（可选）

4. □时尚先锋包（Ⅱ）：6 元 / 月。含铃音盒（3 元 / 月），语音贺卡（5 元 / 月）

5. 短信优惠包：□ 5.1 加 3 元可消费 50 条对点短信；□ 5.2 加 5 元可消费 100 条对点短信。

6. □惠农信息包：7 元 / 月。含 96121（3 元 / 月），信息田园包（短信 2 元 / 月、IVR 2 元 / 月、互联网 2 元 / 月）

您选择的基础包套餐为____________，选择的可选包套餐为____________。

注：（1）国内通话费指拨打包含本地网话费、国内长途通话费、其他固网运营商语音通话费、国内长话费包含国内传统、IP、11808 长话费，不含月租费、信息费、上网通信费以及各类代收费项目等。

（2）基础包及可选包内的国内、本地、长途通话费限当月消费，不向下月累计；拨打铁通、网通电话不享受市话、区间同价优惠。

（3）宽带使用时长超过套餐规定时长按 2 元 / 时收费，不足 1 小时按 1 小时计费。

错案分析

店面转让协议书

转让方（甲方）：____________　　身份证号码：____________

顶让方（乙方）：____________　　身份证号码：____________

甲、乙、双方经友好协商，就店铺转让事宜达成以下协议：

一、甲方同意将自己位于贵州省贵阳市花果园店铺转让给乙方使用，建筑面积为 100 平方米；并保证乙方同等享有甲方在原有房屋租赁合同中所享有的权利与义务。

二、店铺转让给乙方后，乙方同意代替甲方履行原有店铺租赁合同中所规定的条款，并且定期交纳租金及该合同所约定的应由甲方交纳的水电费及其他各项费用。

三、转让后店铺现有的装修、装饰及其他所有设备和房屋装修等；营业设备等全部归乙方。

四、乙方在 2016 年 12 月 1 日向甲方支付转让费共计人民币 30000 元整，（大写：

人民币三万元整）

五、乙方接手前该店铺所有的一切债权、债务均由甲方负责；接手后的一切经营行为及产生的债权、债务由乙方负责。

六、如因自然灾害等不可抗因素导致乙方经营受损的与甲方无关，但遇政府规划，国家征用拆迁店铺，其有关补偿归乙方。

七、本合同一式两份，双方各执一份，自双方签字之日起生效。

甲方（签章）： 乙方（签章）：

联系电话： 联系电话：

日期： 日期：

1．这份协议书有问题吗？问题在哪？

2．请你尝试把它改写成一份正确的协议书。

二 学习情景

某职业学校毕业学生张明毕业后，自主创业，需租赁一办公场所进行工作，请根据合同法撰写租赁协议一份。

三 学习任务

任务书

1．任务书名称：撰写协议书。

2．学习目标：

（1）结合所学专业，根据将来工作情境的需要，学习撰写协议书。

（2）能结合专业学习，熟练运用协议书这种文种应对现在的学习及将来的工作，提高书面沟通的能力。

（3）能根据实际需要，快速有效地解决学习和工作中的相关文字事务，自己培养写作能力。

3．任务描述：在本次任务中，我们将完成协议书的学习任务，了解协议书的写作背景和写作要求，根据实际需要完成写作任务，并上交正确的书写电子文书。

4. 任务要求：

（1）在教师指导下，学习协议书适用的范围、写作规范及注意事项。

（2）能根据需要撰写协议书。

（3）在教师指导下，能熟练运用此类文种，完成不同的工作任务。

1. 协议书的作用是什么？

2. 哪些情况下我们才要写协议书？协议书应该怎么写？

协议书概述

协议书有广义和狭义之分。广义的协议书是指社会集团或个人处理各种社会关系、事务时常用的“契约”类文书，包括合同、议定书、条约、公约、联合宣言、联合声明、条据等。狭义的协议书指国家、政党、企业、团体或个人就某个问题经过谈判或共同协商，取得一致意见后，订立的一种具有经济或其他关系的契约性文书。协议书是应用文写作的重要组成部分。

协议书是社会生活中，协作的双方或数方，为保障各自的合法权益，经双方或数方共同协商达成一致意见后，签订的书面材料。协议书是契约文书的一种。是当事人双方（或多方）为了解决或预防纠纷，或确立某种法律关系，实现一定的共同利益、愿望，经过协商而达成一致后，签署的具有法律效力的记录性应用文。

协议书的格式：

1. 标题：双方单位名称事由，协议书三部分组成。

2. 正文：条款内容。

（1）协商目的；

（2）协商目的责任；

（3）协议的时间和期限；

（4）协商目的条款和酬金（价格明确总额大写必须明确货币种类）；

（5）履行条款期限；

（6）违反条款的责任处理；

（7）落款（署名）；

（8）签署日期。

四 任务实施

请按照要求实施如下任务：

某职业学校毕业学生张明，代表公司与某厂家签订订货协议，请根据合同法理清思绪，完成合同初稿的拟定。

案例分享

解除工程施工合同协议书

甲方：

乙方：

依照《中华人民共和国合同法》，甲乙双方遵循平等、自愿、公平和诚实信用的原则，就该世纪名园 1-2-702 家装施工合同解除事项协商一致后，订立本协议：

一、工程概况

1．工程地点：时光街与裕华路交叉口世纪名园小区 1-2-702。

2．工程内容：室内设计和装修施工。

3．工程造价：23431 元 大写：贰万叁仟肆佰三十一元。

二、协议内容

1．甲乙双方均同意解除

2014 年 9 月 25 日签订的《世纪名园家装施工合同》及其他相关协议。自合同解除之日起，甲乙双方彼此之间的权利、义务关系自行消除。

2．甲方支付首期款 5000 元，水电轻工辅料款 4140.5 元，两项合计 9140.5 元。

3．乙方应收取该单元中水电款及水电工程管理费和运营费 5258.4 元。

4．本协议生效后甲乙双方相互不再以任何形式追究对方的违约等责任。本协议书在双方签字或盖章后，立即生效。协议书一式贰份，由甲乙双方各收执壹份。

甲 方：　　　　　　　　乙 方：

年 月 日　　　　　　　　年 月 日

教学内容

订立协议书，其目的是为了更好地从制度上乃至法律上，把双方协议所承担的责任固定下来。作为一种能够明确彼此权利与义务、具有约束力的凭证性文书，协议书对当事人双方（或多方）都具有制约性，它能监督双方信守诺言、约束轻率反悔行为，它的作用，与合同基本相同。

口头协议一律无效；书面协议有三种形式，即合同中的条款、独立的协议书及信函、电报、传真、电子邮件等其他书面形式。

错案分析

购买 ×× 协议

贵阳 ×× 服装厂（甲方）与贵阳 ×× 布料厂（乙方）经协商签约如下：

1. 甲方向乙方购买新型布料 2 吨；
2. 所购布料总价为 100000 元；
3. 乙方需在 2016 年年底前交付。

甲方（单位盖章） 乙方（单位盖章）

代表人（签章） 代表人（签章）

思考与讨论：

1. 布料单价以及布料具体类别不清晰。
2. 约束的协议执行日期不明。
3. 未涉及具体的权利与义务。

课后作业

某职业学校毕业学生张明，代表公司与某厂家签订订货协议，请根据合同法理清思绪，完成合同初稿的拟定。

书写练习

请在下面的格子里书写“有志者事竟成。”

子任务二 调查报告

一 学习引导

调查报告，顾名思义，先有调查，后有报告。没有调查，就谈不上报告。调查是前提，报告是结果。因此，写调查报告，需要把握三个基本要素，即周密调查、深入研究、精确表达。调查是广备料，研究是深加工，报告是出产品。

首先请同学们分组用一节课的时间在校园做一个现场调查并写出调查报告：不规范字在身边的使用现象。

最后来看看我们调查的基本情况：

（一）调查目的

了解校园内广告、招牌等不规范字的情况，了解不规范字存在的严重性。

1. 通过调查活动，使学生正确使用规范字，认识规范用字的重要性。

2. 培养学生收集、处理、运用信息的能力和团结协作的精神。

3. 培养学生的社会责任感和使命感，为规范社会用字做出贡献。

（二）调查对象

贵铁校园内的各个饭馆招牌、贴出来的告示、海报以及招聘广告等。

（三）调查方式

我们小组采用的是观察法，直接对一些含有不规范字的招牌、告示等进行拍摄。部分也采取网上调查，对不规范字进去分析。

（四）调查时间

2015 年 11 月 10 日至 2015 年 11 月 18 日。

（五）调查结果和体会

我们这次的主要目标是贵铁校园内，我们主要针对校园内一系列有文字的地方进行调查，每天上课的路上，吃饭的时候注意身边不规范汉字的使用现象，用心记下位置，然后找课余时间拿相机集中进行拍摄。

思考与讨论：

1. 身边为什么会出现严重的书写错误？
2. 如何进行调查？
3. 调查报告从哪些方面去写？

二 学习情景

某职业学校毕业生李闯刚刚进入一家保险公司工作，公司领导就安排他先去做一个现代人群的消费观念及保险意识的社会调查，并写出一份社会调查报告。

新人李闯赶快找到有关书籍和资料，并且向同行前辈虚心请教，学习相关进行社会调查的知识、方法和技巧，学习调查报告的写作格式、写法要求及写作注意事项。最后李闯在规定的时间范围内按要求完成了社会调查任务并向领导递交了一份格式规范、内容完备、条理清楚、表达简洁的社会调查报告，圆满地完成任务，给领导和同事们留下了良好的第一印象。

 学习任务

任务书

1．任务名称：撰写调查报告。

2．学习目标：

（1）根据将来工作情境的需要，学会做社会调查。

（2）结合所学专业，根据将来工作情境的需要，学习撰写规范的调查报告。

（3）能结合专业学习，熟练运用调查报告这种文种应对现在的学习及将来的工作，提高书面沟通的能力。

（4）能根据实际需要，快速有效地解决学习和工作生活中的相关文字事务，自觉培养写作能力。

3．任务描述：在本次任务中，我们将完成调查报告的学习任务，了解调查报告的写作背景和写作要求，根据实际需要完成写作任务，并上交正确书写的电子文书。

4．任务要求：

（1）在教师指导下，学习调查报告的适用范围、写作规范及注意事项。

（2）能根据需要撰写不同用途、不同类型的调查报告。

（3）在教师指导下，能熟练运用此类文种，完成不同的工作任务。

课堂思考与分享

1．进行社会调查事先要做好哪些准备工作？

2．调查报告有什么作用？

3．调查报告要从哪些方面进行写作？

4．你认为调查报告与公文报告有区别吗？区别何在？

知识储备

调查报告是对某项工作、某个事件、某个问题，经过深入细致的调查后，将调查中收集到的材料加以系统整理，分析研究，以书面形式向组织和领导汇报调查情况的一种文书。调查报告可以帮助我们比较全面系统地认识事物、解决问题，用以推动工作的深入开展。

调查报告的特点

调查报告具有鲜明的特性，突出表现在以下几个方面：

1. 真实性。调查报告格式的基础是客观事实，真实是调查报告的生命。调查所获得的材料必须是真实情况的反映，调查报告中所列举的事例、数字等必须是确凿无误的，不容许有任何虚假或浮夸。否则，就会影响和干扰决策的正确性。

2. 针对性。调查报告都是就某一具体的情况、问题、事物、经验到具体的某一地区、单位或部门对相关人员进行有的放矢地调查研究，提出或回答人们最为关注的问题，具有较强的针对性，而不是毫无目的地盲目调查。

3. 规律性。调查报告要通过对大量的事实材料进行分析、综合，概括升华为具有规律性的认识，以发挥其普遍性的指导作用。只反映客观事实，而没有揭示出事物的本质和发展规律，调查报告就会失去价值。

4. 时效性。调查报告反映的是当前的情况和新出现的事物，揭露的是现实生活中亟须解决的问题，推广的是有利于推动目前工作的经验，从这个意义上讲，它具有很强的时效性。否则，调查报告也就失去了意义。

课后作业

学校近期要迎接省厅教育评估专家的检查，王东明作为学校学生会劳动部部长必须提前做好校园环境卫生工作，但是校园环境存在诸多难以处理的遗留问题，他必须事先做好调查并向学校学生科提出一份有效的调查报告才能真正解决问题。请你代李民完成这项校园环境调查并拟写一份校园环境调查报告。

四 任务实施

请按照要求实施如下任务：

某职业学校毕业生李闯刚刚进入一家保险公司工作，公司领导就安排他先去做一个现代人群的消费观念及保险意识的社会调查，并写出一个社会调查报告。

教学内容

调查报告的结构

调查报告的内容结构通常由标题、前言、主体和结尾四部分组成。

1. 标题

调查报告的标题应当写得新颖、明朗、简洁，要从其内容和作用的需要出发，做到题文相符，揭示主旨，有画龙点睛之妙。调查报告的标题常用的拟写方法有以下四种：

①公文式标题——一般由事由加文种（调查报告）组成，如《关于当代大学生消费情况的调查报告》。

②文章式标题——直接揭示调查报告的内容和研究范围，如《公众法律意识调查》。

③正副标题式——即将调查的事项、范围及对象作副标题，而以正标题概括调查报告的主题思想或主要内容，如《基层民主的新验证——赵县村民代表会议制度建设调查》。

④提问式标题——通过设问来引起读者的注意，例如《×××× 为何愈演愈烈？》《×××× 从何而来？》等。

2. 前言

调查报告的前言也称导言、引言和开头，类似新闻报道的导语，但较之更详细。通常要写明调查的线索、目的以及调查的时间、地点、对象、范围、方法、基本情况和结论等，要求紧扣主题，做到简练概括。有的调查报告开门见山，直接进入主体部分，而将前言部分省略掉，以归简易。

3. 主体

主体部分是调查报告的基本内容，它以调查所得的确凿的事实和数据介绍调查对象的基本情况及其发生、发展与变化过程，以及从这些事实材料中所总结出来的经验教训。有的调查报告还提出解决问题的建议。主体部分内容的安排要做到先后有序、主次分明、详略得当、重点突出、逻辑严密、层层深入。其写法以叙事为主，夹叙夹议，常用的结构方式有纵式、横式和纵横结合式三种。

①纵式结构——这种结构方式是按照事物发生发展过程顺序或按调查的时间先后顺序进行叙述和议论，适用于内容比较简单的调查报告。

②横式结构——这种结构方式是将调查所得的各种事实、数据材料进行概括、分类，按问题性质从几个不同侧面或角度说明问题，并常使用序码或分列小标题的方式使其结构清楚。它适用于涉及面广、事件线索较为复杂的调查报告。

③纵横结合式结构——这种结构运用于内容丰富的调查报告，通常是先交代事件

发生的原因及发展过程，接着进行分析归纳，总结事物的基本性质和特点。

4. 结尾

调查报告的结尾，应当简洁明了地写出通过对事实材料的分析所得出的结论。有的结尾以简练的语句概括报告的主要观点，以进一步深化主题，增强调查报告的说服力和感染力。除经验性调查报告外，多数是针对所调查的问题，通过分析，提出解决问题的办法、措施、意见和建议。有的调查报告通过对事实材料的分析，提出发人深省的问题，启迪人们作更深层次的思考和探索；也有的调查报告将结论性意见写在前言或主体中，而不写在结尾部分。

调查报告最后要落款，写明调查单位（调查组）名称及时间。如果有附件，应当标明其名称及件数。

调查报告的写作技巧

要写好调查报告，应当注意把握如下几点：

1. 在“调查”上下功夫，确保材料的真实性和说服力。

毛泽东同志说过：“没有调查就没有发言权。”同样，没有调查就没有调查报告的写作权。撰写调查报告，必须以认真、细致、周密的调查活动作为坚实的基础。只有这样，才能保证其所用材料的真实性，也才能使之具有说服力。否则，不下苦功夫进行调查，就往往容易导致报告的不真实性，或者以偏概全，或者挂一漏万，而这又势必影响通篇报告的质量，这种调查报告不会对实际工作具有任何指导作用。因此，要写好调查报告，必须对调查对象进行深入、细致地了解，力求获取全面材料，包括正面的、反面的，现实的、历史的，上层的、下层的（领导和群众）等等。只有这样，选用起来才会得心应手；也才能对大量的事实材料进行分析比较，从而得出正确结论。在调查过程中，还要坚持运用马列主义的立场、观点和方法来观察问题、认识问题和解决问题，它是使调查活动趋于正确的思想基础和理论基础。

2. 在“研究”上做文章，确保调查报告的指导性。

“研究”是对调查所得材料的深化，也是写好调查报告的关键所在。没有这个环节，所撰写的调查报告只能是事实现象的堆砌和罗列，不具有任何实用价值。要在辩证唯物主义和历史唯物主义的指导下，通过对调查对象的精心比对和分析，将全部情况和材料进行“去粗取精，去伪存真，由此及彼，由表及里”的改造制作，扬弃表面的、支流的东西，抓住事物的主要矛盾和矛盾的主要方面，要侧重于对事物内部联系的研究，努力寻觅和挖掘出其深层意义，找出规律性，然后将其上升到理论的高度，实现认识的升华。在此基础上所得出的结论及提炼出的主旨，必然是新鲜的，具有时代特色和实际的指导意义。

3. 要合理安排“框架”结构，做到眉清目楚，线条分明。

调查报告文种所涉及的内容十分广泛，它要反映出事物或事件发展的全过程，并要进行恰当有力的分析，找出根源，提出下一步工作意见。既要提出问题，又要解决问题；既要摆事实，又要讲道理；既要以材料说明观点，又要用观点统率材料。为此，在撰写时必须精心设计其框架结构，以便合理地使用所获取的材料，更好地突出全文的主旨。对其外形结构的安排方式，通常有三种：一种是分部分式，即以调查点为核心，调查了几个点，就分为几部分叙写；二是分阶段式，即按照时间顺序或事物的产生、发展和变化过程的先后顺序，将其划分为若干个阶段，逐段进行叙写，前后有所概括，有所归纳；三是分问题式，即将调查情况归结为几个方面问题，按其内容性质的主次、轻重的逻辑顺序，逐一进行叙写。究竟采用何种形式，应视具体的内容表达需要确定，要眉清目楚，有助于说明问题。

4. 要力求准确，做到材料翔实，逻辑严密。

调查报告的准确性首先表现为策见的准确。所谓策见的准确，是指对复杂的事物要通过实际调查，做出彻头彻尾，彻里彻外的分析，提出精辟的见解，以此制定出正确的方针政策。

5. 应注重表达手法的特定性，用语要生动活泼，耐人寻味。

调查报告要用事实说话，要反映事物发生、发展和变化的过程，并要对其进行分析，找出规律性的东西，用以指导工作。这样，在写作时势必既有叙述，又有议论，是叙述和议论（即夹叙夹议）的有机结合。优秀的调查报告无一不是两种表达方式的高度统一体。在语言运用上，应力求生动活泼，富于表现力。要善用比喻、排比、引用等修辞手法，这些均有助于语言表达的生动形象。

6. 应该注意避免出现常见的几个方面问题。

首先是材料不充分、不典型，不足以说明调查报告的主题或观点。主要原因不外乎以下几种情况：一是调查者没有掌握充足的材料，特别是没有掌握典型材料。这是由于有的调查者缺乏经验，或者粗心大意，工作不深入，这是主观方面的原因。二是对调查的材料缺乏周密的思考，在调查过程中又缺乏必要的研究。结果使调查报告的事例难免失之于空泛、浮浅，说明不了问题。三是不做深入细致的调查工作，却硬要大写特写。

其次是材料堆砌，缺乏必要的概括和分析，使人不得要领。这与作者概括分析问题的能力、思想方法及文字表达水平有关。主要有这样三种情况：一是对材料没有进行认真的分析研究，缺乏由此及彼、由表及里的加工制作。二是只按事物的现象来排列组合，没有抓住事物内部的联系，没有找出该事物同他事物的关系。

三是缺乏辩证唯物主义的思想方法，在取材上陷于形而上学，搞烦琐哲学。

四是观点和材料脱节。调查报告的观点是从对大量材料的分析中形成的，是事物本质的反映。在调查报告中，观点和材料是辩证的统一。即观点来自材料，反过来又统率材料。但是，有些调查报告或者是观点和材料没有内在的必然的逻辑联系；或者是“帽子”大，内容小，观点和材料不协调。

最后是议论太多，喧宾夺主。调查报告本来是以事实为基础，从事实中得出结论的。但有些调查报告则喜欢过多地发议论。遇到一个事例就随意引申发挥，大讲一通道理，把材料湮没在议论当中。说它是议论文，却明明写着调查报告，而且也有调查报告的架势和例证；说它是调查报告，却处处是逻辑推理的说教，有点不伦不类。

总之，要写好调查报告，需要有理论、思想、专业、调查研究、文字等方面的综合锻炼。只有勤于学习，善于思索，勇于实践，才能写出“精品”来。

案例分享

A公司关于企业员工言行举止的调查报告

A公司针对公司近一段时间出现的不文明行为和不优雅举止，为了塑造公司良好的社会形象和规范员工个人形象，杜绝铺张浪费、乱扔乱吐乱停乱放、拖沓散漫等不良风气和习惯，公司办公室开展了一次问卷调查。此次调查问卷共发放102份，抽样率为28.3%，收回84份，回收率为82.4%。调查发现，在普遍情况较好的同时，也存在着隐忧。

一、语言交流沟通障碍较小

普通话是我们进行交流沟通的通行证，基本上都能听懂。调查结果表明：经常用普通话（72例）与同事交流的人近九成，偶尔也用普通话（11例）交流的占一成。也就是说，语言障碍基本上不存在，这就为进一步深入开展工作奠定了良好的基础。我们既然来自全国各地，语言、习惯自然有差异，并且各人综合素质也参差不齐，造成工作中、学习上压力过大。但是，并不是这一状况不能改变，我们只有打破地域界限，突破语言障碍，用心去发现问题，努力地多与人交流沟通，善于学习总结，不断更新，不耻下问，并与大家共同分享工作的快乐，才能更好地融入这个团队中，并为之努力奋斗，才能共同实现团队的目标。因此，平时在思想上的沟通交流，生活中的相互帮助，工作中的相互支持配合，语言因素尤为重要。在全厂范围内推广普通话势在必行。

二、个人形象与企业形象紧密相连

有85.72%的同事认为个人行为对公司形象带来影响，9.52%的同事认为不会影响，4.76%的同事没考虑。同时，有86.9%的员工会主动提醒其他同事注意个人形象，如衣衫不整，有7.14%的人置之不理，3.57%的人建议应该批评教育，只有1例认为自己不会注意个人这方面的问题。企业形象是指企业在公众心目中的地位和总的评价，它主要从美誉度、知名度两个指标来衡量。公众不仅是外部公众，如顾客、政府、媒体等，而且还有内部公众如股东、员工。企业形象的好坏，直接关系到企业的发展命运。而我们各人作为企业这个团队的一分子，就必须把塑造我们的个人形象与形成团队整体形象紧密联系起来，必须把增强内部凝聚力，对外塑造良好企业形象作为我们工作的努力方向。

个人形象，不仅是表现外在仪容仪表、行为举止，更为主要的是体现内在品质和综合素质。只要我们平时多留意观察，更加努力地为实现共同目标而奋斗，都奉献出爱心来倍加呵护，都用大局观和全局观来考虑，全心全意打造“A公司人”形象。为此，我们一方面在抓生产的同时，另一方面积极加强员工的素质教育和培训，提供再次学习的平台，利用多种形式鼓励全员参与，共同建设企业文化，努力营造一种和谐、向上、团结、进取的团队。

三、能自觉抵制不良习惯

上班吃零售、穿拖鞋、吸烟、乱丢乱停乱放等不良现象在某些企业里可以看到，它严重影响了员工的工作积极性，并对安全生产埋下隐患，同时，也很容易养成拖沓懒散的工作作风，办事效率低下，破坏公司形象。此次对在公司厂区吸烟、吃零售、穿拖鞋、乱扔果皮纸屑等不良习惯进行问卷，分别为100%、91.6%、90.48%、66.67%的人认为不可以或者绝对禁止这些不文明习惯。另外，分别有85.72%、90.48%的员工会自觉抵制并主动改正这些不良习惯。这一结果表明，我们的员工绝大多数能意识到这些不文明的行为举止。

“近朱者赤，近墨者黑。”虽然表明了外在因素的影响作用，但却不是决定因素，问题的关键在于我们要充分意识到内在因素的重要性。它不是外力强加的，而是在不断地实践和努力中逐步积累起来的。辩证唯物主义认为：内因决定外因，外因通过内因起作用，并反作用于内因。我们长期地坚持养成良好的习惯，将会终身受益。什么是不简单？就是将简单的事情重复做上成千上万遍而不出差错就是不简单；什么是不容易？就是将容易的事情重复做上成千上万遍而不出差错就是不容易！

在全厂范围内，应经常开展批评与自我批评讨论，不断地与不良风气作斗争。“有则改之，无则加勉”，“惩前毖后，治病救人”，在持续改进中养成良好习惯。

四、遵守公司规章制度——无以规矩，不以成方圆

公司的规章制度是我们从事工作活动的行为准则和纲领，同时，“制度至上，服从为本”是我们的企业理念。调查结果发现，在制度的执行过程中，有10%和8.3%的员工对违反公司制度的行为分别持赞成和中立态度。当然，无论是有心支持还是保持中立，无论是无意参与还是心不在焉，至少可以说明，懒散浮躁已经深深影响了制度的作用在这部分员工心中的地位。但是我们的主流是好的，绝大多数的员工能自觉遵守这些制度并能提出改善意见。制度应以人为本，关键在执行，并能通过实践而不断地调整和规范。记得在《A公司人》第三、四期报纸上刊登的两篇文章《浅谈制度至上》和《浅谈服从为本》，就具体阐述二者在现代化生产中的实际指导意义。调查中，大家对我们的厂区范围不是很清楚，它应包括：车间、办公场所、食堂、活动室、会议室、厂内绿地、洗手间等。这次调查，不少员工对我们的工作提出了建议和要求，这正说明了这个团队能不断进取，深入开展务实的精神，同时，也为我们注入了新的活力。这些意见和建议归纳有以下几点：

1. 开展创建学习型组织，鼓励学习和创新，并组织各种培训和讨论，统一思想。

2. 党政工团妇等组织要加强思想道德素质教育，结合思想政治工作，配合各车间各部门开展塑造“× 中人”形象活动。

3. 反对铺张浪费，厉行节约。在全公司范围内开展少开一盏灯，空调提高一度等节电节水活动。

4. 公司领导应以身作则，起模范先锋作用，带头做好表率。

5. 严把招聘关，不断提高公司综合素质；并不断加强与员工交流沟通，努力掌握员工思想动态，减少人员流动性。

6. 加强仪容仪表厂容厂貌监督，加强内部整理整顿，对违反制度的行为举止进行曝光。

7. 积极开展丰富多彩的文娱体育活动，开辟活动场地，增强凝聚力；当然，调查中反映出来的问题我们不能忽视。

我们应更积极主动地服从和服务于企业发展战略，内求团结稳定，外塑良好形象，从点滴中发现并解决工作中遇到的问题。清代王国维在《人间词话》中关于三种境界的提炼言简意赅：第一层，“昨夜西风凋碧树。独上高楼，望尽天涯路。”（立志，树立远大目标。）第二层，“衣带渐宽终不悔，为伊消得人憔悴。”（探索，不断努力追求。）第三层，“众里寻他千百度，蓦然回首，那人却在，灯火阑珊处。”（成功，最终实现目标。）我们无论做什么事，都应以达到这三层境界为最高目标，这样就能不断地获取新的动力，以获得新的成绩。

思考与讨论：

1. 这个调查报告意义何在？
2. 这个调查报告是从哪些方面进行写作的？

课后作业

请根据自己的喜好和掌握的资料从以下五个题目中选写一个调查报告。

1. 中职生消费状况调查报告；
2. 中职生网上购物调查报告；
3. 近视状况调查报告；
4. 家乡的变化情况调查报告；
5. 人口老龄化问题调查报告。

书写练习

请在下面的格子里面书写“一时强弱在于力，千秋胜负在于理。”
